ヒップホップが誕生して40年あまり。
元々ブロンクスのローカル・カルチャーだったヒップホップは
いまやヒット・チャートの上位を独占し、
アメリカのみならず、世界中を席巻するカルチャーにまで発展した。
ニューヨークはこの偉大なるカルチャーを生み出し、進化させ、
数多くの才能あるアーティストを輩出してきたが、
その歴史的現場にフォーカスを当てたガイドブックはいままで存在しなかった。
世界でも初となるだろう、この試み。
ヒップホップ史に残るオールドスクールの歴史的名所から
2010年以降に出てきた若手アーティストにまつわる場所まで
100カ所以上にも及ぶスポットを掲載している。
この本をNYCに持って行くことで
ニューヨークの魅力を違う角度から発見することができるだろう。

CONTENTS

- 6   Boogie Down **BRONX**
- 30   Money Makin' **MANHATTAN**
- 82   No Sleep Till **BROOKLYN**
- 120   Walk This Way in **QUEENS**
- 134   The 36 Chambers of **STATEN ISLAND**

本誌で紹介する各スポットと関連ある動画や画像を以下のblogにまとめました。
http://miztarnie.tumblr.com
本誌を読みながら、または現地でチェックしていただけると、よりお楽しみいただけます。

Map

- 5   NEW YORK CITY
- 26   BRONX
- 50   MANHATTAN UPTOWN
- 78   MANHATTAN MIDTOWN / DOWNTOWN
- 114   BROOKLYN
- 132   QUEENS
- 138   STATEN ISLAND

Information

- 140   ニューヨークの歩き方＆基本情報

Column

- 28   B系B級グルメ
- 80   ヒップホップ的ファストファッション
- 118   OMIYAGE
- 139   HIP HOP BUS TOUR

How to read Wassup! NYC

[道路の略号]
St. → Street
Ave. → Avenue
Pl. → Place
Bet. → Between
Blvd. → Boulevard

例：
Rivington St. bet. Clinton St. and Suffolk St.
リヴィングトン通りのクリントン通りとサフォーク通りの間にある

[アイコン]
RISK 👊👊👊👊👊
ADDRESS 住所
PHONE 電話番号
HOURS 営業時間
URL ホームページ
STATION 最寄りの駅
BUS 最寄りのバス亭
MAP 地図

RISK ニューヨークの治安について

本書で紹介する場所にはあまり治安がよくない場所もある。幸いにも取材時に身の危険を感じることはなかったが、時間帯や状況によってはなにが起こっても不思議ではなかっただろう。ニューヨークでもっとも危険な場所は「人がいない場所」だ。人がいる場所であれば、（スリやひったくりは別として）危険な事が起こる確率は少ない。夜間はもちろん昼間でも人がいない場所には行かない、入らないようにしよう。日本人というだけで目立つ地域も多くある。過剰な行動は慎み、節度を持って行動しよう。あくまで目安だが、それぞれのスポットに危険度（RISK）を表示している。自分の身は自分で守ろう。

RISK
👊 要注意
👊👊 夜にひとりは危険
👊👊👊 女性ひとりは危険
👊👊👊👊 ひとりは危険
👊👊👊👊👊 もっとも危険

※本書に掲載されている情報は、2015年11月現在のものです。

Wassup! NYC MAP

BRONX

MANHATTAN

QUEENS

BROOKLYN

STATEN ISLAND

Boogie Down
BRONX

すべてはこの地から始まった。ヒップホップが誕生した場所、「ブロンクス」。普通のガイドブックには野球場と動物園くらいしか紹介されていないが、ヒップホップカルチャーを知るうえでは避けては通れない場所だ。70年代にはブロンクスにしかなかったこのムーブメントが、どのような場所で生まれ、どのような背景で育まれてきたのか、その地に赴くことで初めてわかることも多いはずである。治安については幾分かよくなったとは言え、まだまだ悪い場所も数多くある。常識と節度を持って行動したい。

BOOGIE DOWN BRONX

ヒップホップ生誕の地

1520 SEDGWICK AVE.

RISK 👊👊👊👊👊
ADDRESS 1520 Sedgwick Ave.
STATION ④ Mt Eden Av
MAP P27 ❶

ジャマイカから一家でニューヨークに渡ってきたDJクール・ハークことクライヴ・キャンベルは、妹のシンディーが新しい服を買うお金を稼ぐために企画したパーティーでのDJを依頼された。

1973年8月11日、彼は自身が住むセジュウィック・アベニュー1520番地の娯楽室に父親のサウンドシステムを設置してパーティーを始めた。出足は鈍かったものの、アパートの住人たちはいままでに聞いたことのない大音量に驚き、続々と人が押し寄せて大成功に終わった。このパーティーが、のちに「ヒップホップ」と呼ばれるカルチャーの誕生の瞬間だと言われている。その後は毎月のようにパーティーを開催。娯楽室から中庭、公園へと場所を移していった。

ハークは音楽的にも重要な発見をする。客が一番盛り上がるのは、曲の途中ドラムだけの音になった数秒のパートであることに気づき、2枚の同じレコードを使って「ドラムだけ」のパートのみを延々とかけ続けた。ハークが奏でる終わらないグルーヴにダンサーたちは熱狂し続けたという。そう、ここは「ブレイクビーツ」誕生の地でもあるのだ。

このフライヤーからすべてが始まった

セジウィック・アベニュー1520番地の隣にあるアパート、「リバービュー1600」には、ブギ・ダウン・プロダクションズのKRS・ワンと故スコット・ラ・ロックが住んでいたという。ふたりが出会う前(→P16)に同じアパートに住んでいたとは話ができすぎだが、真相やいかに!?

BOOGIE DOWN BRONX

ズールー・ネーションの本拠地

BRONX RIVER COMMUNITY CENTER

RISK 🏠🏠🏠🏠🏠
ADDRESS 1619 E 174th St.
STATION ⑥ Morrison Av-Sound View
MAP P26 ❷

　ブロンクス・リバー団地の真ん中にあるコミュニティセンター。この施設の左隣に住んでいたのがアフリカ・バンバータだ。

　ニューヨーク最大のギャング「ブラック・スペーズ」の幹部になったバンバータは、1975年、従弟が警官に殺される事件やアフリカ旅行が決定的な転機となり「ズールー・ネーション」というムーブメントを開始。平和的活動へと全力を注ぐ。

　翌年、このコミュニティセンターで自分のシステムを使った初のパーティーを開催。敵対してきたギャングたちも受け入れ、パーティーは平和に盛大に行われた。それ以降、このコミュニティセンターを「ズールー・ネーションの本部」として、さまざまな活動が行われた。

以前は壁一面グラフィティで覆われていたというコミュニティセンター。1995年、ジュリアーニ市長の政策の一環で市当局により建て替えを余儀なくされ、現在は当時の面影がなくなってしまった

当時のバンバータのDJミックスを聞くことができるパーティー実況録音盤『Death Mix』はブロンクス・リバー団地の南にあるジェームス・モンロー高校で録音された

ラン・DMCが初ライヴした伝説のクラブ跡
DISCO FEVER

　伝説のクラブ「ディスコ・フィーバー」はラン・DMCが初めてライヴを行ったクラブとして知られている。名前の由来は当時のヒット映画『サタデー・ナイト・フィーバー』から。映画『クラッシュ・グループ』（1985）ではファット・ボーイズの憧れのクラブとして登場している。実際ディスコ・フィーバーでのライヴが客にウケなければ、どこに行っても通用しないと言われており、若手の登竜門的なクラブとしての一面もあったようだ。またテレビ朝日系「TVスクープ」で安藤優子キャスターが当時の様子をリポートしている映像をYouTubeで見ることができる。現在は空室になっているようで、悲しいことに入口の前に隣のディスカウントストアの洋服が陳列されており、見る影もない……。

RISK
ADDRESS 1210 Jerome Ave.
STATION ④ 167 St
MAP P27 ❸

この付近は50セントの映画『ゲット・リッチ・オア・ダイ・トライン』（2005）でもロケ地として登場する

グラフィティライターが運営するタトゥースタジオ
TUFF CITY STYLES

RISK
ADDRESS 650 E Fordham Rd.
PHONE (718)563-4157
HOURS 12:00-21:00
URL www.tuffcitystyles.com
STATION B D Fordham Rd
MAP P27 ④

　80年代初頭からグラフィティライターとして活動しているMEDのタトゥースタジオ。お店ではパフ・ダディやメイスのタトゥーも彫ったというMEDの作品を中心に、様々なアーティストの作品やスプレー缶、Tシャツ、タトゥーブックなども販売しているので、タトゥーを彫らずとも気軽に訪れたい場所だ。

　最寄りの地下鉄の駅はB D Fordham Rd駅だが、駅から離れているのでバス（Bx12）を使うのが賢明。フォーダム・モールでのショッピングやブロンクス動物園の帰りに寄るのもいいだろう。

地下鉄を模ったタトゥーの施術室

グラフィティライターたちの溜まり場
WRITER'S BENCH

映画『スタイル・ウォーズ』(1983)にも登場

　149 St – Grand Concourse駅のアップタウン行き❷❺ラインのホームにある一番後方のベンチは、かつて「ライターズベンチ」と呼ばれていた。80年代のグラフィティ全盛期にライターたちがこのベンチに集い、情報交換をしたり、お互いのブラックブック（グラフィティ用スケッチブック）に作品を描き合ったりしていたようだ。グラフィティは性質上どうしても匿名性を帯びてしまうため、この場で初めてお互いの顔を合わせて交流を深めていたという。いまでもグラフィティライターたちにとって聖地のような場である。

RISK ✊✊✊✊✊
ADDRESS 149 St-Grand Concourse station
STATION ❷❹❺ 149 St-Grand Concourse
MAP P27 ❺

ハンツポイントのコミュニティセンター
THE POINT

　ハンツポイント地区にあるNPOが管理するコミュニティセンター。地元の子どもたちのアフタースクールプログラムとして、グラフィティ、ダンス、陶芸など様々な課外授業を行っている。子どもたちにやりたい事を見つけさせ、道を踏み外してしまうのを防ぐ役割を担っているのだ。
　ブロンクスを代表するグラフィティチーム、タッツ・クルーのアトリエもあるため、付近には彼らのピースを中心に質の高い作品をたくさん見ることができる。ギャリソン・アベニューを北上すると大きなピースをいくつか見られるので、ぜひ歩いてみよう。

RISK ✊✊✊✊✊
ADDRESS 940 Garrison Ave.
PHONE (718)542-4139
HOURS 月&金 9:00-20:00
　　　火-木 9:00-21:00
URL thepoint.org
STATION ❻ Hunts Point Av
MAP P26 ❻

ナズ、KRS・ワン、カニエ・ウエストが参加したDJプレミア「Classics」のビデオの中で描かれたピース

バンクシーの作品を発見

BOOGIE DOWN ⚜ BRONX

映画『ワイルド・スタイル』バスケットボール戦争の舞台

SLATTERY
PLAYGROUND

RISK 👊👊👊👊👊
ADDRESS E183rd St. bet.Valentine Ave. and Ryer Ave.
STATION Ⓑ Ⓓ 182-183 Sts
MAP P27 ❼

　映画『ワイルド・スタイル』でもインパクトのあるシーン、コールド・クラッシュ・ブラザーズとファンタスティック・フリークスがバスケをしながらラップバトルを行う場所がここ。「スラッテリー公園」だ。

　公園には2面のコートがあるが、当時とコートの向きが変わっており、残念ながら映画と同じ場所にバスケットゴールはない。

　劇中だけでなく実際にライバル関係にあったコールド・クラッシュ・ブラザーズとファンタスティック・フリークス。実際にこの公園で毎日のようにバスケをしていたという。現在でも放課後の時間帯になると地元の子どもたちがバスケを楽しんでいる。

『ワイルド・スタイル』
©New York Beat Films LLC

ダブル・トラブルがラップした階段
STOOP RAP

RISK
ADDRESS 805 Freeman St.
STATION ②⑤ Freeman St
MAP P27 ❽

　映画『ワイルド・スタイル』の最後のライヴで最高のパフォーマンスをみせるダブル・トラブル。そのふたり、ロドニー・CとKK・ロックウェルが「階段でラップをする場面」は外せない名シーンだろう。
　その階段はロドニー・Cの実家の向かいの家にある。名曲「That's The Joint」でおなじみのファンキー4＋1のメンバーだったふたりは、映画出演の直前にシュガーヒル・レコードやほかのメンバーと揉めてグループを脱退。この階段のシーンではその恨み辛みと円形劇場でのライヴへの意気込みをラップしている。

『ワイルド・スタイル』
©New York Beat Films LLC

チコが働く
スーパーマーケットがあった場所
CONNIE'S SUPERETTE

RISK
ADDRESS 520-522 Brook Ave.
STATION ②⑤ 3 Av-149 St
MAP P27 ❾

『ワイルド・スタイル』
©New York Beat Films LLC
劇中の壁のグラフィティ
はCRASH

"Shut the fuck up Chico man!"
　ビースティ・ボーイズにもサンプリングされたこのセリフ。映画『ワイルド・スタイル』で主人公のリーが友人のチコにバカにされたときに発した言葉である。
　このシーンはブルック・アベニューと148丁目の交差点に当時あった「コニーズ・スーパー」の前で撮影されたという。もちろん、30年以上前の映画なのでいまでは違うデリになっているが、店が変わっても横の壁がリーガルウォールになっているのは感慨深い。

BOOGIE DOWN BRONX

KRS・ワンとスコット・ラ・ロックが出会ったホームレスシェルター

FRANKLIN ARMORY MEN'S SHELTER

RISK 🤛🤛🤛🤛🤛
ADDRESS 1122 Franklin Ave.
STATION ②⑤ Intervale Av
MAP P27 ⑩

　幼いころから家出癖があり、ホームレスとして寝床を転々としていたKRS・ワン。20歳ごろに収容されたホームレス宿泊施設が、「フランクリン・アーモリー・シェルター」だ。ここでKRS・ワンは、ソーシャルワーカーとして働いていたスコット・ラ・ロックと運命の出会いを果たす。ブギ・ダウン・プロダクションズ結成のきっかけとなった場所だ。

　スコット・ラ・ロックが亡くなった翌年に発表したブギ・ダウン・プロダクションズの「My Philosophy」のミュージックビデオ（監督ファブ・ファイヴ・フレディ）に映っている建物がこのシェルターである。

　現在は女性専用のシェルターになっているようだ。

ファット・ジョー『Represent』の交差点

BROOK AVE.
AND BERGEN AVE.

RISK
ADDRESS Brook Ave.and Bergen Ave.
STATION ② ⑤ 3 Av-149 St
MAP P27 ⑪

　ファット・ジョーの1stアルバム『Represent』(1993)のジャケットは、ブルック・アベニューとベルゲン・アベニューの交差点で撮影された。アルバムジャケットを見るかぎり、当時はなにもなかった場所のようだが、現在は左手に大きなショッピングセンター、右手にはきれいなアパートが建ち、かなり様変わりしている。

　ここから数ブロック北にあるフォレスト団地で育ったファット・ジョー。90年代にはメルローズ・アベニューと150丁目の交差点で服屋「ハーフ・タイム」を経営していた。店の壁にはファット・ジョーの壁画が描かれていたが、現在は店とともになくなってしまった。

ファット・ジョー『Represent』(1993)

BOOGIE DOWN BRONX

エイサップ・ロッキー「Jukebox Joint」に登場する理髪店

TU BARRIO BARBER SHOP

　ウエストブロンクスのマウントホープ地区にあるこの理髪店。エイサップ・ロッキーの2ndアルバム『At. Long. Last. A$AP』に収録されている「Jukebox Joint」のビデオに登場した、地元のお客さんで賑わう地域密着型の理髪店である。

　店のすぐ東側のモリス・アベニューには、20世紀初頭に建設された美しいブラウンストーンの家々が立ち並び、歴史地区に指定されている。この店に訪れた際には併せて見に行くべきだろう。お世辞にも治安がいいとは言えない地域のなかに、このような美しい建築が並んでいるのがとても興味深い。

RISK
ADDRESS 63 E Tremont Ave.
PHONE (347)270-3988
HOURS 月-土9:00-21:00、日10:00-19:00
STATION ④ Burnside Av
MAP P27 ⑫

外の壁にもかっこいいピースが描かれている

取材時にはCESの個展が開かれていた

古今東西のグラフィティライターをフィーチャーするギャラリー

WALLWORKS

RISK 👊👊👊👊👊
ADDRESS 39 Bruckner Blvd.
PHONE (917)825-9342
HOURS 火-金11:00-17:00、土日は要予約
URL www.wallworksny.com
STATION Ⓖ 3 Av-138 St
MAP P27 ⑬

　サウスブロンクスにある「ウォールワークス」は、黎明期から活躍するグラフィティ界のレジェンド、CRASHが運営するギャラリーだ。

　2014年にオープンしたばかりのこのギャラリーは、80年代にグラフィティをいち早く紹介したギャラリー「ファッション・モーダ」の精神を引き継ぎ、DondiやRammellzeeなど亡くなったアーティストの回顧展から、フランスのMistやドイツのMad Cなどの海外の若手アーティストの個展まで、様々なグラフィティライターの展覧会を開催している。詳しい開催スケジュールはウェブサイトをチェックしよう。

BOOGIE DOWN BRONX

D.I.T.C.のAGのロゴが描かれた壁

AG WALL

RISK
ADDRESS 2706 Third Ave.
STATION ②⑤ 3 Av-149 St
MAP P27 ⑭

ディギン・イン・ザ・クレイツ（D.I.T.C.）のラッパー、AGはサウスブロンクスのパターソン団地で生まれ育った。その団地から3番街を挟んだ向かいにはAGのロゴをあしらった壁画がある。自身のミュージックビデオやショートムービー『SBX! Holding down the tradition』などにたびたび登場している。

ここから3番街を北に数ブロック上がった3Av - 149st駅の周りに、昔の風情を残す商店街がある。

タッツ・クルーによる故ビッグ・パンを追悼する壁画

BIG PUN WALL

RISK
ADDRESS 919 E 163rd St.
STATION ②⑤ Intervale Av
MAP P27 ⑮

2000年に28歳という若さで心臓発作で急逝した巨漢ラッパー、ビッグ・パニッシャーを追悼した壁画。毎年彼の命日前後にタッツ・クルーが描き変えているはずなのだが、2011年から更新されていない。どうしたのだろうか！？ 2015年現在は、まだ太っていない10代の頃のビッグ・パンが描かれていた。

彼の家族はこの場を正式に「ビッグ・パン・プレイス」という名に変える運動をしているようだ。2014年2月に何者かが「Big Pun Pl」と書かれたプレートを勝手に街灯に取り付けたが、市によってすぐ外されてしまった。

ヒップホップの父、クール・ハークの壁画
KOOL HERC WALL

　ブロンクスーの大通りであるグランド・コンコースと166丁目の角にあるクール・ハークの壁画。2013年にセジュウィック・アベニュー1520番地（P8）で行われたパーティーから40周年、つまりヒップホップ誕生から40年を記念してタッツ・クルーによって描かれた。

　壁の向こう側には「アンドリュー・フリードマン・ホーム」というニューヨーク市歴史建造物に認定された由緒ある建造物がある。

　ヤンキースタジアムから近いので、ウォーク・オブ・フェイム（P23）とともに野球観戦の前に訪れてみよう。

向かいにあるブロンクス美術館も合わせて訪れたい
（1040 Grand Concourse／入場無料）

RISK 👊👊👊👊👊
ADDRESS 1101-1115 Grand Concourse
STATION 🄱🄳 167 St
MAP P27 ⓰

BOOGIE DOWN BRONX

野外パーティー「パークジャム」が
行われる公園

CROTONA PARK

　夏の毎週木曜日に行われるオールドスクールな野外パーティー「パークジャム」。月ごとにスパニッシュハーレム、ブロンクス、ハーレムと場所を変えて開催されており、ブロンクスでの開催時は、ここ「クロトナ・パーク」が会場になっている。

　DJはヒップホップレジェンドが中心。お客さんは70年代のブロックパーティーを体験してきたと思われる先輩方が多く、基本的に年齢層は高めだが、幅広い年齢層のお客さんがパーティーを楽しんでいる。

　パークジャムについての詳細は「Tools of War」のFacebookページをチェックしてみよう。古き良きヒップホップの世界を体全身で感じたい。

RISK 👊👊👊👊👊
ADDRESS Crotona Park
STATION ②⑤ 174 St
MAP P27 ⑰

取材時はレッド・アラート、ジャジー・ジェイ、グランドマスター・カズのレジェンド3人がプレイ。クール・ハークや『ワイルド・スタイル』の監督であるチャーリー・エーハーンの姿もあった

ブロンクス出身の大物たちの名前が付いた通り

THE BRONX
WALK OF FAME

RISK 👊👊👊👊👊
ADDRESS Grand Concourse bet. 140 th St. and 161st.
STATION ❷❹❺ 149 St-Grand Concourse
MAP P27 ⓲

140丁目から161丁目までのグランド・コンコース沿いに、ブロンクス出身の政治家、スポーツ選手、俳優、ミュージシャンなどの名が書かれた黄色いストリートサインが設置されている。

2015年現在ヒップホップ界からはアフリカ・バンバータ、グランドマスター・フラッシュ＆ザ・フューリアス・ファイヴ、クールDJレッド・アラート、グランドマスター・カズ、ロック・ステディー・クルー、グランドウィザード・セオドア、カーティス・ブロウ、KRS・ワン、ファット・ジョー、スウィズ・ビーツの名が掲げられているらしい。

取材時に3往復してみたのだが、何人かの名前が見つからなかった。

BOOGIE DOWN BRONX

サウスブロンクスのストリップクラブ

SIN CITY CABARET

RISK 👊👊👊👊👊
ADDRESS 2520 Park Ave.
PHONE (718) 401-1700
HOURS 月-金12:00-4:00、土日17:00-4:00
URL sincitynewyork.com
STATION ④⑤ 138 St-Grand Concourse
MAP P27 ⑲

　サウスブロンクスにあるストリップクラブ「シン・シティ」。日本の淫靡なストリップのイメージとは違い、アメリカではクラブと同様に社交場そしてエンターテインメントの場としての機能をはたしている。
　普段からNYの名門ヒップホップラジオ局HOT97の人気DJがプレイしているほか、レッド・アラートが誕生日会を開くなど、有名DJやラッパーがプライベート・パーティーを行うこともあるという。
　平日のランチタイムにはチャージ無料、ランチ$5、ラップダンス$10のお得なサービスを行っている。夜のサウスブロンクスが不安な人はお昼に行ってみよう。ダンサーへのチップは忘れずに。

スタイルズ・Pのジュースバー

JUICES FOR LIFE

RISK 👊👊👊👊👊
ADDRESS 1026 Castle Hill Ave.
PHONE (347)281-9844
HOURS 月-土9:00-21:00、日12:00-19:00
STATION ⑥ Castle Hill Av
MAP P27 ⑳

どのジュースもかなり美味!!!

2013年にザ・ロックスのスタイルズ・Pがキャッスルヒル地区にオープンさせたジュースバー。ファーストフードばかり食べがちな黒人コミュニティに、バランスのよい食生活や健康に対する意識を提案するためにお店を開いたとのこと。値段は$5からとほかの店に比べるとお手頃価格がうれしい。注文してから作ってくれるため、できたてのフレッシュジュースを楽しめる。

また、疲れやストレス、風邪、アレルギーなどカラダの不調に合わせてジュースもチョイスできる。

マンハッタンから遠く、周りに特別な見どころはないが、健康志向のヒップホップファンなら訪れたい店だ。

シェイクから注目のデトックス野菜「ウィートグラス」ショットまでメニューの種類も豊富

YO! YO! YO! 日本のみんなにシャウトアウトを送るぜ!!!
ブロンクスに来たら絶対JUICES FOR LIFEに寄ってくれよ!!!

なんとスタイルズ・P本人がお店に!! 以前よりスリムになったように見えたが、やはりフレッシュジュースとワークアウトで体を絞ったそう

Map BRONX

FOR MORE DETAIL

QRコードをスマートフォンなどで読み取ると、Google Mapsが表示され、詳細な地図をご覧いただけます。（インターネット接続が必要です。）

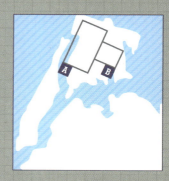

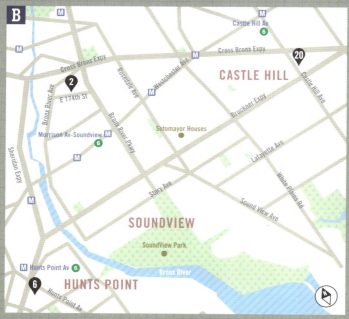

1. 1520 SEDGWICK AVE.
2. BRONX RIVER COMMUNITY CENTER
3. DISCO FEVER
4. TUFF CITY STYLES
5. WRITER'S BENCH
6. THE POINT
7. SLATTERY PLAYGROUND
8. STOOP RAP
9. CONNIE'S SUPERETTE
10. FRANKLIN ARMORY MEN'S SHELTER
11. BROOK AVE. AND BERGEN AVE.
12. TU BARRIO BARBER SHOP
13. WALLWORKS
14. AG WALL
15. BIG PUN WALL
16. KOOL HERC WALL
17. CROTONA PARK
18. THE BRONX WALK OF FAME
19. SIN CITY CABARET
20. JUICES FOR LIFE

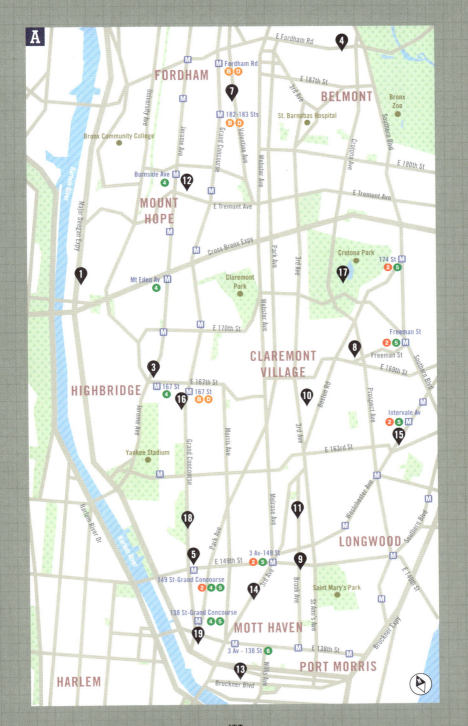

B系B級グルメ 5

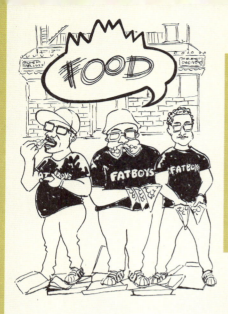

せっかくニューヨークに来たんだから、人気のカフェやレストランでご飯を食べたい！
まぁ、その気持ちもわかるけど、日本のレストランより気持ち高めだし、20%近くのチップも払わなければいけないので、少し食べただけですぐに＄20とか＄30とかかかってしまう。レコードやスニーカーも買わなきゃいけないのに、食費にそんなに費やせないというのが本音だ。
そんなときに味方になってくれるのはニューヨークのB級グルメ。ミッドタウンやダウンタウンでは見かけないけど、ブルックリンやクイーンズなんかの駅の周りには安くて地元の人に人気のお店がたくさんある。

DELI BEER

ニューヨークでお酒が安く飲みたいときは家(ホテル)呑みに限る。デリで売っているビールはどれも日本より安めだが、ヒップホップ好きならここは40オンスのモルトリカーをチョイスしたい。モルトリカーとはアルコール度数5%以上のビールのこと。いろんなビデオに登場する「オールド・イングリッシュ」やCMにラキムやウータンなどのラッパーを起用していた「セント・アイダス」などが有名。これらは度数が8%近くあるが、意外とグビグビ飲めてしまうのが不思議だ。個人的には普通のビールよりも悪酔いしやすく、すぐ頭が痛くなってしまうのだが、なんかクセになるんだよな。また、日本と違って路上で飲酒すると捕まってしまうので要注意!!! ビデオや映画で紙袋に入れて飲んでいるのはこのため。

飲み過ぎ注意!!

HAMBURGER

見かけたら入ってもらいたいのはハンバーガーチェーンの「ホワイトキャッスル」。ビースティー・ボーイズが『Licensed to Ill』の中で何度も歌っているのでおなじみだろう。デフ・ジャムがCBSとメジャー契約した記念のパーティーでは、ホワイトキャッスルのハンバーガーとチーズバーガーが1000個ずつふるまわれ、酔っ払ったアーティストやスタッフがハンバーガーを投げ合う大惨事となった逸話もある。スライダーと呼ばれる四角いハンバーガーは5cm四方の小ぶりサイズなので、複数個頼むのが基本。

ビールのおつまみに

サイドメニューでぜひ試してもらいたいのが貝ひものフライだ。テイクアウトしてビールのアテにしよう。

FOOD

ほかにもメキシカン、ジャマイカン、アフリカン、ケバブ、カレーなど、安くておいしいお店はたくさんあるので、ガイドブックばかりに頼らないで自分の勘を信じて色々挑戦してみよう!!!

PIZZA

ニューヨーカーはピザが大好き。『ドゥ・ザ・ライト・シング』もピザ屋の話だし、『クラッシュ・グループ』ではファットボーイズが49丁目にあるスバロでピザを食べつくすシーンがある。それだけの需要があるのだろう、ニューヨークのそこら中にピザ屋があり、そのほとんどが$1から$3のピザを提供する店なので、散策中に小腹が空いたら近くのピザ屋に駆け込みたい。定番は、なにも具がのっていないプレーンなチーズピザ。$1でも結構な大きさなので、十分満足できるはずだ。

$1で満足!!

FRIED CHICKEN

クセになる味

スリムも多いアフリカ系アメリカ人はチキンの消費量が多く、フライドチキンのお店がたくさんある。P111でも紹介した「ケネディー・フライドチキン」と「クラウン・フライドチキン」の2つの店がローカルのフライドチキンチェーンとして有名だ。「クラウン・フライドチキン」はウータンのビデオにも登場しているほか、マーシー団地(P88)の南にある店では、店頭にジェイ・Zが雑誌の撮影を行ったときの写真が飾ってある。どちらも安くてクセになる味だ。

CHINESE FOOD

ニューヨークに長めに滞在しているとだんだん困ってくるのが栄養のバランスだ。ニューヨークのB級グルメは安いけど野菜が全然採れない!!! 便秘になったり口内炎ができたり、そんなのではニューヨークを満喫することはできない。そんなときにありがたいのが中華料理。中華料理店はどのような場所にもある上に、どの店も味がそんなに変わらないので安心して利用できるだろう。オススメは中華あんがたっぷりかかったビーフ&ブロッコリー。ご飯もついてくるので、パンに飽きてきたときにも重宝する。ただ、油もたっぷりなので、カロリーは高め。気をつけよう。

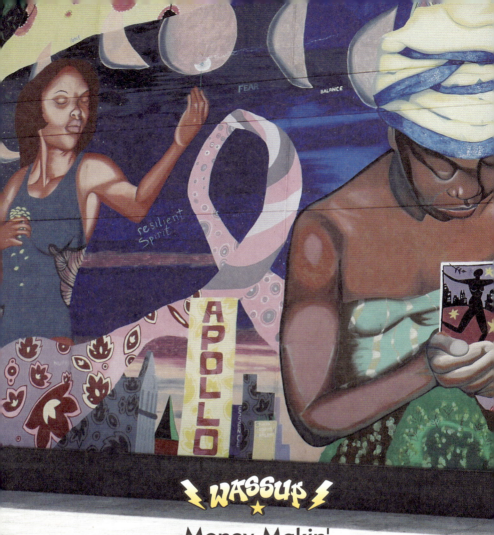

WASSUP

Money Makin'
MANHATTAN

ブロンクスで誕生したヒップホップは、70年代中盤からじわじわとマンハッタンに侵食していく。初めにヒップホップが盛んになったのはニューヨークのブラックカルチャーの中心地「ハーレム」。カーティス・ブロウを筆頭に、現在活躍中のディプロマッツやエイサップ・モブまで、絶えず才能あるアーティストを輩出し続けている。一方、ヒップホップがダウンタウンに進出したのは80年代初頭のこと。パンク/ニューウェーブのシーンやコンテンポラリーアートなど、さまざまなカルチャーと交差し、ヒップホップカルチャーはさらに進化していった。いまではアメリカのショービジネスの中心となったヒップホップ。大都市マンハッタンが商業的にヒップホップをここまで大きく育ててきたのは間違いない。ヒップホップドリームの痕跡を辿ってみよう。

MONEY MAKIN' MANHATTAN

ブラックカルチャーのメインストリート

125TH STREET

RISK 👊👊👊👊👊
ADDRESS 125th St.
STATION Ⓐ Ⓑ Ⓒ Ⓓ 125 St
MAP P50 ❶

　ハーレムの目抜き通りである125丁目。20世紀始めに地価が暴落したのがきっかけにアフリカ系アメリカ人が多く移り住み始め、20年代から30年代にはハーレムでアフリカ系アメリカ人のアート、文学、音楽、文化、芸術の全盛期「ハーレム・ルネサンス」がおこった。またソウルのトップミュージシャンが出演したアポロシアターや50年代〜60年代の公民権運動などを通して、つねにニューヨークのブラックカルチャーの中心地であり続けている。

　近年は再開発が著しく行われ、ファストファッションのチェーン店が増えてしまっているが、ストリートブランドやスポーツブランドが豊富に置いてある若者向けの店から、カラフルなスーツが置いてある紳士服店まで、昔ながらの洋品店もまだたくさんある。125丁目に来たら必ずチェックしよう。

　また、アフリカ系アメリカ人アーティストの作品を中心に展示しているスタジオ・ミュージアム・イン・ハーレムも必ず訪れたい。

エリック・B & ラキム「I Ain't No Joke」(1987)、ラン・DMC「Run's House」(1988)、ロブ・ベース & DJ E-Zロック「It Tekes Two」(1988)などのビデオでも125丁目が登場する。もちろん地元のディプロマッツやエイサップ・モブの面々のビデオでも頻繁に登場するので、よく見てみよう

キッド・カプリ
「Apollo」(1991)

1. 125丁目の顔、アポロシアターのエントランスの足下にはアポロシアター出身スターの名が刻まれたプレートがある

2. エリック・B & ラキム が「I Ain't No Joke」のビデオでライヴをする電気店は、現在ヘアケア製品のお店になっている

MONEY MAKIN' MANHATTAN

故ビッグ・Lのデビューアルバムを飾った交差点
W 139TH ST. AND LENOX AVE.

ハーレムで生まれ育った故ビッグ・L。元々は幼なじみのキャメロンやメイスらとチルドレン・オブ・ザ・コーンというグループを組んでラップをしていたが、その後、ロード・フィネスやショウビズ＆AGの作品に参加した事をきっかけにD.I.T.C.に加入。1995年にデビュー・アルバム『Lifestylez Ov Da Poor And Dangerous』をリリースした。キャメロンら仲間と撮ったアルバムカバーは、地元であるこの交差点で撮影された。

彼は1999年2月15日、ここから100メートルほどの場所である139丁目45番地で何者かの凶弾に倒れた。24歳という若さだった。

RISK
ADDRESS W139 St. and Lenox Ave.
STATION ❷❸ 135 St
MAP P50 ❷

ビッグ・L『Lifestylez Ov Da Poor and Dangerous』(1995)

交差点の1ブロック
北にはビッグ・Lを追
悼した壁画がある

ダギー・フレッシュのチキン&ワッフル屋
DOUG E.'S

RISK 👊👊👊👊
ADDRESS 2245 7th Ave.
STATION ②③ 135 St
MAP P50 ③

　昔からハーレムでは朝食にフライドチキンとワッフルを一緒に食べる習慣があるそうだ。日本人には信じがたいが、甘いメープルシロップをワッフルだけでなくフライドチキンにまでかけて食べるのが一般的なのだそう。

　そんなソウルフードを気軽に食べることができる店がヒューマンビートボックスの祖としても知られるダギー・フレッシュが経営する「ダギーズ」だ。だが、ここ最近あまり店を開いていないようで、取材時も何度か訪れたがつねにシャッターが閉まっていた（電話も不通）。閉店してしまったのだろうか。

　シャッターに描かれた HIP HOP の文字がかっこいいので、開いていなくてもぜひ記念撮影をしたい。

2011年に訪れたときの店の内装はブルーとシルバーを基調としたスペーシーな雰囲気の内装だった

MONEY MAKIN' MANHATTAN

閉業してしまったレッド・アップル・デリ

Super Jimbos Cheese Burger Deluxe($7.5)

せっかくなのでロッキーと同じ鏡の前の席を陣取ろう

RISK
ADDRESS 528 W 145th St.
PHONE (212)926-0338
HOURS 月-土 6:00-22:00 日 7:00-21:00
STATION ❶ 145 St
MAP P50 ❹

エイサップ・ロッキーが食べたハンバーガー

JIMBO'S HAMBURGER PALACE

　ここ数年でもっともスターダムにのし上がったニューヨークのラッパー、エイサップ・ロッキー。話題になったデビューシングル「Peso」のビデオで、仲間みんなで食事しているのが145丁目にある「ジンボーズ」。

　看板メニューのジンボーバーガーは、テキサス産の牛肉を毎日挽いて作るパティが自慢。＄10以内だ。

　ちなみにロッキー本人は肉を食べないベスクタリアン（魚菜食主義者）になったらしく、もうここには行かないと公言している。

　ジンボーズから徒歩数分の場所には、同ビデオに登場する「レッド・アップル・デリ」があるが、残念ながら閉業してしまったようで、いまは外観を残すのみとなっている（134 Hamilton Pl.）。

『ジュース』で2パックが強盗するデリ

QUILES DELI & GROCERY

　いまでも根強い人気を誇る1992年公開の映画『ジュース』。2パックらが演じるハーレムに住む高校生4人組がノリで強盗をしてしまうという青春バイオレンス映画だ。全編ハーレム、特にセント・ニコラス・パークの周りで撮影されたというこの映画だが、物語のなかでもキーとなる強盗シーンに使われたデリをコンヴェント・アベニューで発見した。

　残念ながら『ジュース』は日本ではVHSとLDしか発売されていない（もちろん廃盤）。そろそろ日本版DVDが出てほしい。

　ちなみに西海岸のイメージが強い2パックの出身はイーストハーレム。ブラック・パンサーの活動家だった母親とともに15歳までハーレムで過ごした。

RISK 🚨🚨🚨🚨🚨
ADDRESS 21 Convent Ave.
STATION Ⓐ Ⓑ Ⓒ Ⓓ 125 St
MAP P50 ⑤

デリの向かいは崖になっており、劇中で主人公たちは少し階段を降りたところから店の様子をうかがっていた

MONEY MAKIN' MANHATTAN

橋脚のアーチが印象的な高架

RIVERSIDE DRIVE VIADUCT

マンハッタンは都市開発時に土地を平坦にならしたため、あまり坂がない。しかし、北の方へ行くと徐々に高低差が出てくる場所を見つけることができる。

そのひとつが次で紹介するリバーサイド・パークのなかの崖である。この崖はリバーサイド・パーク以北にも続いており、それに伴い公園に沿うように南北に走るリバーサイド・ドライヴが公園の北端を過ぎてから一部「高架」になっている。

橋脚のアーチが印象的なためか、ステッツァソニックやデ・ラ・ソウルなど、この高架の下（12番街）で撮影されたビデオが多い。

RISK 👊👊👊👊👊
ADDRESS 12th Ave. bet. W125 St. and W135 St.
STATION ① 125 St
MAP P50 ⑥

この高架の下ではステッツァソニック「Takin' All That Jazz」(1988)、デ・ラ・ソウル「Stakes Is High」(1996)、ジャ・ルール「New York feat. FatJoe & Jadakiss」(2004)、ジム・ジョーンズ「Crunk Muzik feat. Cam'ron & Juelz Santana」(2004)などのビデオが撮られている

THE WARRIORS

『ウォリアーズ』の集会所はブロンクスではない

RIVERSIDE PARK

　ハドソン川沿いに南北6.4kmもの細長い敷地を有する「リバーサイド・パーク」。ニューヨークのストリートギャングを描いた映画『ウォリアーズ』の冒頭のギャングの集会のシーンは、劇中ではブロンクスという設定になっているが、実際はここリバーサイド・パークのダイナソープレイグラウンド（97丁目）で撮影されたのはご存知だろうか。

　劇中では何百人ものギャングが集まっているため、かなり広いスペースを想像していたが、実際に行ってみると思っていたよりも狭いことに驚かされる。現在はギャングではなく、子どもたちが多く集まる広場となっている。

RISK ✊✊✊✊✊
ADDRESS Riverside Park
STATION ①②③ 96 St など
MAP P51 ❼

111丁目辺りにあるハンドボール/バスケットボールコートの壁では、『Wild Style』のポスターが撮影された。ロゴを描いたのはZephyr、Revolt、Sharpの3人。無許可でひと晩かけて描き上げたという

『ワイルド・スタイルHDニューマスター 30周年記念スペシャル・エディション』
発売元：アップリンク
販売元：TCエンタテインメント
価格：3,800円（税抜）
© New York Beat Films LLC

MONEY MAKIN' MANHATTAN

店内には黒人ミュージシャン、俳優、スポーツ選手などの似顔絵がペイントされている

行列が出るほど人気のソウルフード・レストラン

AMY RUTH'S

　エイサップ・ロッキーもレコメンドする116丁目駅の近くにあるソウルフード・レストラン。フライドチキン＆ワッフルなど、南部の影響を受けているハーレム定番料理がリーズナブルな価格で楽しめる。また、なんと言ってもメニューにブラックカルチャーにおける功労者の名前が付いているのが特徴だ。

　ヒップホップ好きだったら、アフリカ・バンバータ定食（白身魚のフライ定食）、キッド・カプリ定食（鮭コロッケ定食）、リュダクリス定食（チキンウィング定食）はチェックしたいところ。やはりリュダクリス定食はアルバム『Chicken & Beer』にかけているのだろうか？

RISK
ADDRESS 113 W 116th St.
PHONE (212)280-8779
HOURS 月 11:00-23:00
　　　　火-木 8:30-23:00
　　　　金 8:30-29:30
　　　　土 7:30-29:30
　　　　日 7:30-23:00
URL amyruths.com
STATION ②③ 116 St
MAP P50 ❽

1. The Afrika Bambaataa（白身魚のフライ）$16.95
2. The Kid Capri（鮭コロッケ）$15.95

『ニュー・ジャック・シティ』に登場した麻薬窟
GRAHAM COURT

　1901年に建てられたアパート「グラハムコート」。1984年にニューヨーク市歴史建造物保存委員会に歴史建造物として認定された100年以上もの歴史がある建物だ。

　この建物は映画のロケ地としても人気で、1991年に公開した『ニュー・ジャック・シティ』で、ウェズリー・スナイプス演じるギャングのニーノ・ブラウンが住民を支配してクラック製造所として利用したアパートメントとして登場する。

　また、同じく1991年に公開した、同じウェズリー・スナイプス主演の『ジャングル・フィーバー』（監督はスパイク・リー）でも、ウェズリー演じる建築家フリッパーの実家として使われている。

RISK 👊👊👊👊👊
ADDRESS 7th Ave.
STATION ②③ 116 St
MAP P50 ⑨

MONEY MAKIN' MANHATTAN

キース・ヘリングのメッセージが残る

CRACK IS WACK PLAYGROUND

RISK 👊👊👊👊👊
ADDRESS E 127th St., 2nd Ave., and Harlem River Drive
STATION ④⑤⑥ 125 St
MAP P50 ⑩

　1984年、安価で中毒性の強い麻薬「クラック」が貧困層を中心に流行した。1990年までの6年間は「クラックブーム」と言われ、麻薬中毒者の数や犯罪率が急上昇し、犠牲者も多く出て大きな社会問題になった。

　この公園のハンドボールコートにペイントされたキース・ヘリングのメッセージはそんな社会情勢を踏まえて描かれたものだ。元々ヘリングが無許可で勝手に描いたものだったが、現在はニューヨーク公園局によって保護され、ヘリングのメッセージが公園の名前にまでなってしまった。

　公園の周りには特になにもなく、人も少ないので要注意。昼間の明るい時間に行くのはもちろんだが、友人と行くのが安心。

グラフィティの聖地になった小学校

GRAFFITI HALL OF FAME

RISK 😊😊😊😊😊
ADDRESS 106th St. & Park Ave.
STATION ⑥ 103 St
MAP P51 ⑪

　イーストハーレムにあるジャッキー・ロビンソン総合学校の校庭は、グラフィティ・ホール・オブ・フェイム（グラフィティの殿堂）と呼ばれ、著名なグラフィティライターの作品がところせましと描かれている。

　1980年にグラフィティライターであり、地域の活動家でもあったレイ・ロドリゲスによって設立された。それ以降、1年に一度グラフィティライターが集まって、ピースを描き変えるイベントが30年以上も続いている。まさにグラフィティの聖地である。

　以前は休日に限り一般の人も入れたが、残念ながらいまは入れなくなってしまった模様。金網に顔を押し当てながら鑑賞しよう。

ジギー「Toss It Up」の教会
ST. CECILIA'S CHURCH

1992年に彗星のごとく現れたダンサーによるラップグループ、ジギー。1stシングル「Toss It Up」のビデオで映っている教会が「聖セシリア教会」だ。

このビデオはアメリカだけでなく日本のダンサーの間でも大ヒット。ファンキーなサウンドやダンスはもちろん、もっとも話題になったのが彼らのファッションだ。特にポロ・ラルフローレンの「1992ライン」は、これがきっかけでダンサーを中心に人気となり、いまでも高値で取り引きされている。

取材時、教会は残念ながら工事中だった。工事が終わったら、全身ラルフ・ローレンを纏って訪れたい。

RISK
ADDRESS 120 E 106th St.
STATION ⑥ 103 St
MAP P51 ⑫

ビデオでジギーのメンバーが着ている1992ライン（友人私物）。メンバーのプランサーは大のポロ・ラルフローレン愛好家であり、ラルフローレン・マニアの集団ロー・ライフにも所属している

アリシア・キーズとメソッド・マンが曲中で同棲しているアパート

1 ST. NICHOLAS TERRACE

2004年にリリースされたアリシア・キーズの「If I Ain't Got You」。2001年のアリーヤの死がきっかけで生まれたという曲のビデオには、なぜかウータン・クランのメソッド・マンがアリシアの彼氏役として登場。ふたりが住んでいる設定になっているアパートがここだ。

アリシアが雪の積もった屋上でピアノを弾いているが、このアパートの屋上なのだろうか？ 雪が降った日に聴きたくなる曲のひとつだ。

ヘルズ・キッチンで育ったアリシアは実はハーレム出身。モス・デフが出演している「You Don't Know My Name」など、ハーレムが舞台のビデオが多い。

RISK 🏠🏠🏠🏠🏠
ADDRESS 1 St Nicholas Terrace
STATION Ⓐ Ⓑ Ⓒ 125 St
MAP P50 ⓭

現代と過去のブロックパーティーを再現した交差点

W 180TH ST. AND PINEHURST AVE.

歌姫ローリン・ヒルの唯一のソロ・スタジオ・アルバム『The Miseducation of Lauryn Hill』。ビルボードチャートで第1位を記録したシングル「Doo Wop (That Thing)」のビデオでは、画面の左半分60年代、右半分は90年代現代のブロックパーティーの様子を再現した凝った作りになっている。

撮影されたのはハーレムの北にあるワシントンハイツ。特になにがあるわけでもない普通の交差点が、こんなにもドラマチックな場所になるのは映像マジックとしか言いようがない。

RISK 🏠🏠🏠🏠🏠
ADDRESS W 180th St. and Pinehurst Ave.
STATION Ⓐ 181 St
MAP P50 ⓮

MONEY MAKIN' MANHATTAN

ニューヨークの憩いの場

CENTRAL PARK

RISK 👊👊👊👊👊
ADDRESS Central Park
STATION N Q R 5Av/ 59 St など
MAP P51 ⑮

　狭いマンハッタン島の真ん中にある広いセントラルパークは、ニューヨーカーのオアシスである。芝生で日光浴をする人、公園を何周もランニングする人、犬の散歩をする人……。皆セントラルパークで思い思いの過ごし方を満喫している。この巨大な公園は、まだニューヨークの人口密集地域が10丁目より南だった1840年に詩人のウィリアム・ブライアントによって発案され、20年近くの年月をかけ、湖、芝生、林、スケートリンクなどが"人工的"に造られた。

　夏にはヒップホップのライヴが行われることも多いほか、映画やミュージックビデオの撮影にもしばしば使用される。

1.

2.

3.

1.ジャングル・ブラザーズの『Straight Out The Jungle』(1988)の裏ジャケはThe Pond(池)にかかるギャブストウ橋辺り(62丁目)で撮影された
2.スリック・リック「Children's Story」(1989)のビデオはふしぎの国のアリス像(75丁目)で撮影されている
3.テヴィン・キャンベル「Can We Talk?」は全編セントラルパークで撮影。途中で映る神殿のような建物はベセスダ・テラス(72丁目)だ

ロック・ステディ・クルーと
ダイナミック・ロッカーズの対決の場

LINCOLN CENTER

RISK
ADDRESS 10 Lincoln Center Plaza
URL www.lincolncenter.org
STATION ❶ 66 St-Lincoln Center
MAP P51 ⓰

1981年8月15日、「リンカーンセンター」の広場でロック・ステディ・クルーとダイナミック・ロッカーズのブレイクダンスのバトルが行われた。仕掛け人は写真家/彫刻家のヘンリー・シャルファント。

まだブレイクダンスやヒップホップが世に知られていない時代、彼は写真家のマーサ・クーパーらとその文化を広める活動をしていた。ここで行われたこのエキシビションもそのひとつだったのだが、両チームともクルー総出の大所帯でやってきてしまい、混乱の内に終了してしまったようだ。

観客席も用意されていたが、バトルが白熱する内に観客が舞台を囲んでしまったため、ほとんどの人が見れなくなってしまったという

ロック・ステディ・クルーが練習していた公園

ROCK STEADY PARK

RISK
ADDRESS W 97th St. and Amsterdam Ave.
STATION ❶❷❸ 96 St
MAP P51 ⓱

アムステルダム・アベニューにあるハッピー・ウォリアー公園は、ロック・ステディ・クルーが練習していた公園として知られ「ロック・ステディ・パーク」と呼ばれていた。90年代まで毎年アニバーサリーイベントが開かれていたという。

マルコム・マクラーレンの「Buffalo Gals」のビデオは、この公園のハンドボールコートで撮影された。現在はグラフィティが描かれたハンドボールコートはなくなってしまい、当時の面影は残っていないが、一度は訪れておきたいところだ。

当時のロック・ステディ・クルーのアニバーサリーイベント(写真提供:Ben the Ace)。隣接する小学校の校庭でイベントが行われていた

マルコムXが暗殺された地
AUDUBON BALLROOM

RISK ✊✊✊✊✊
ADDRESS 3940 Broadway
Malcolm X and Dr. Betty Shabazz Center
PHONE (212) 568-1341
HOURS 月-金 10:00-17:00
URL theshabazzcenter.net
STATION ① 168 St
MAP P50 ⑱

　1912年に建設された舞踏場「オーデュボン・ボールルーム」は、50年代から60年代にかけて公民権運動家として人種差別と闘ったマルコムXが暗殺されたところとして有名な場所である。1965年2月21日の事だった。

　その後、廃墟同然となっていたところ、1989年にコロンビア大学が買収。取り壊して研究施設を建設する予定だったが、マルコムの妻、ベティ・シャバズの呼びかけにより、取り壊しは阻止された。

　現在はきれいに改装され、「マルコムX&ベティ・シャバズ記念教育センター」として、マルコムXに関する記念館になっている。

パブリック・エナミー「Night of the Living Baseheads」(1988) のビデオにも登場している

ハーレム初のヒップホップクラブ
HARLEM WORLD

RISK 👊👊👊👊👊
ADDRESS 129 Lenox Ave.
STATION ② ③ 116 St
MAP P50 ⑲

　116 St駅を出てすぐの所にあるオールドスクール期を代表するクラブ、「ハーレム・ワールド」。80年代初頭までのヒップホップシーンはブロンクスが中心地。ほかの地域に住んでいる人にとって、ブロンクスまでは遠く、危険を伴うものだったため、アクセスしやすく、駅から徒歩0分のこのクラブはブロンクス以外の人たちに人気があったようだ。

　1981年7月3日に行われたコールド・クラッシュ・ブラザーズとファンタスティック・ロマンティック5のバトルは、海賊版テープがニューヨーク中に出回り、ラン・DMCなど後に出てくるラッパーたちに多大な影響を与えた。

　現在は激安洋品店が入居している。

MANHATTAN
UPTOWN

FOR MORE DETAIL
QRコードをスマートフォンなどで読み取ると、Google Mapsが表示され、詳細な地図をご覧いただけます。（インターネット接続が必要です。）

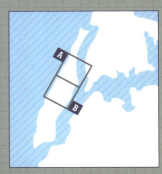

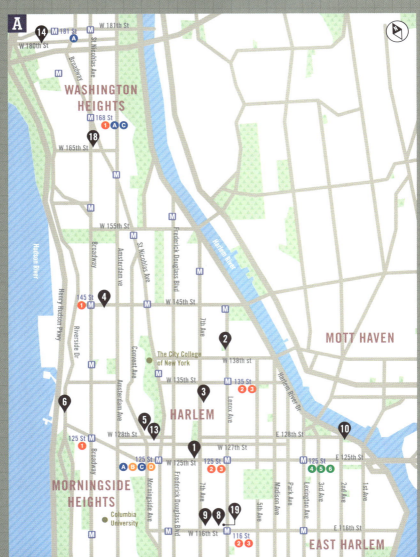

B

1. 125TH STREET
2. W 139TH ST. AND LENOX AVE.
3. DOUG E.'S
4. JIMBO'S HAMBURGER PALACE
5. QUILES DELI & GROCERY
6. RIVERSIDE DRIVE VIADUCT
7. RIVERSIDE PARK
8. AMY RUTH'S
9. GRAHAM COURT
10. CRACK IS WACK PLAYGROUND
11. GRAFFITI HALL OF FAME
12. ST. CECILIA'S CHURCH
13. 1 ST. NICHOLAS TERRACE
14. W 180TH ST. AND PINEHURST AVE.
15. CENTRAL PARK
16. LINCOLN CENTER
17. ROCK STEADY PARK
18. AUDUBON BALLROOM
19. HARLEM WORLD

MONEY MAKIN' MANHATTAN

マンハッタンの中心地

TIMES SQUARE

RISK 👊👊👊👊👊
ADDRESS Times Square
STATION N Q R S 1 2 3 7
Times Sq-42 St
MAP P78 ⑳

　ここぞニューヨーク。7番街、ブロードウェイと42丁目から47丁目が交差する「タイムズスクエア」。深夜まで人があふれ、数えきれないほどの巨大ディスプレイやネオンサインが煌々と輝く、世界一の繁華街だ。

　タイムズスクエアには、20世紀初頭に劇場が集まりショービジネスの中心となったが、大恐慌や第2次世界大戦を経て徐々に衰退していく。80年代にはポルノ映画館が立ち並ぶ風俗街と化し、犯罪の巣窟となっていたようだ。90年代に入り、ジュリアーニ市長が治安回復と中心部の再開発に尽力し、現在は誰でも安心して楽しめる街になっている。1993年に発表されたオニックスの「Shifftee」のビデオでは、まだポルノショップが立ち並ぶ42丁目の光景を見ることができる。

　もちろんこの街もヒップホップのビデオに頻繁に登場しているが、ニューヨークの象徴である場所なので、ニューヨーク以外のアーティストにも人気がある。

　ちなみに、1983年にニューヨークで『ワイルド・スタイル』が初めて公開された劇場は47丁目とブロードウェイの角にあったという。

ジェイ・Z「Empire State of Mind ft. Alicia Keys」(2009)、ビースティー・ボーイズ「Right Right Now Now」(2004) などのニューヨークを代表するアーティストはもちろん、サイプレス・ヒル「How I Could Just Kill A Man」(1991) 、ザ・ドッグ・パウンド「New York, New York ft. Snoop Doggy Dog」(1995)、チャンス・ザ・ラッパー「Juice」(2013) など、ニューヨーク以外のアーティストのビデオにもよく登場する。80sファンクの代表バンドであるキャメオの「Candy」(1986) のビデオもバックにタイムズ・スクエアの夜景が映しだされている

デフ・ジャム黄金時代の事務所跡

DEF JAM OFFICE

　LL・クール・Jやビースティー・ボーイズが人気絶頂だった1986年、リック・ルービンとラッセル・シモンズは新たな「デフ・ジャム」の事務所をエリザベス通りに構えた。人気アーティストが所属するラッシュ・プロダクションズと共同事務所だったこともあり、毎日のように新人ラッパーたちが売り込みに来ていたらしい。その様子はオランダ制作のドキュメンタリー『Big Fun In The Big Town』でも見ることができる。

　現在は人気スタイリスト、パトリシア・フィールドの店が入っている。隣はSSURの店。

RISK 👊👊👊👊👊
ADDRESS 298 Elizabeth St.
STATION Ⓕ 2 Av,
　　　　 ⑥ Bleeker St
MAP P79 ㉑

1986年に制作されたドキュメンタリー『Big Fun In The Big Town』では、DMCがデフ・ジャムの事務所の前でインタビューに応える様子も撮影されている

若き日のリック・ルービンの根城

NYU WEINSTEIN HALL

RISK 👊👊👊👊👊
ADDRESS 5 University Pl.
STATION Ⓝ Ⓡ 8 St-NYU
MAP P79 ㉒

　デフ・ジャムの創始者、リック・ルービンがレーベルを立ち上げたのはニューヨーク大学の学生の頃だった。1981年から卒業する1985年まで彼が住んでいた大学の寮の部屋には、レコード、機材、雑誌など、彼の好きなモノで溢れかえっていたという。ルービンがここでドラムマシーンを使って作ったビートは、後にデフ・ジャム所属のアーティストが使うことになる。つまりビースティー・ボーイズやLL・クール・Jの初期の曲は、ここ、ウェインスタインホールの712号室で産まれたのだ。

デフ・ジャムのスタッフ御用達のレストラン
NOHO STAR

　1988年に公開されたラン・DMC主演の映画『タファー・ザン・レザー』(リック・ルービン監督)。劇中でラン・DMCとビースティー・ボーイズがご飯に連れて行かれ、行儀が悪すぎてひんしゅくを買ってしまうのがここ、「ノーホー・スター」である。彼らが座っていたのは一番奥のテーブル。空いていればそこに座りたいが、彼らのように行儀悪く食べるのはご法度だ。基本はハンバーガーやエッグベネディクトなどのNYスタイルのアメリカ料理レストランだが、夜はなぜか中華料理も楽しめる。
　エリザベス通りのデフ・ジャム事務所が近かったため、実際にもスタッフがランチなどによく利用していたという。

RISK 🍔🍔🍔🍔🍔
ADDRESS 330 Lafayette St.
PHONE (212)925-0070
HOURS 月-金 7:30-23:30
　　　　土 10:30-24:00
　　　　日 10:30-23:00
URL nohostar.com
STATION ⑥ Bleeker St
MAP P79 ㉓

Noho Burger($16)
バーガーやサンドは$13.50〜。ドリンクは$3.75〜

MONEY MAKIN' MANHATTAN

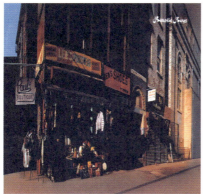

店の横にはブルックリンの女性アーティスト、ダニエル・マストリオンによるビースティー・ボーイズの似顔絵が描かれている

ビースティー・ボーイズ
『Paul's Boutique』
(1989／©ユニバーサル ミュージック)
本物のポールズブティックは、ブルックリンにあったらしい

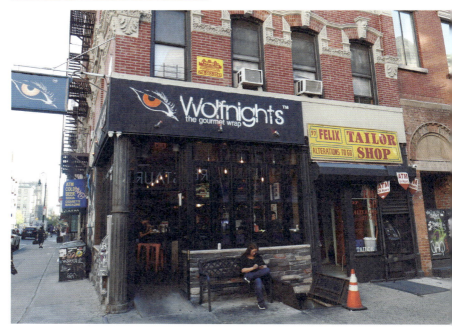

ビースティー・ボーイズの名盤を飾った場所

PAUL'S BOUTIQUE

RISK 🍙🍙🍙🍙🍙
ADDRESS 99 Rivington St.
STATION F J M Z Delancey St-Essex St
MAP P79 ㉔

デフ・ジャムと袂を分かった後に発売された、ビースティー・ボーイズの2ndアルバム『Paul's Boutique』。有名なカバー写真はLESのリヴィントン通りとラッドロウ通りの交差点で撮影された。アルバムジャケットに写っている店がポールズ・ブティックだと思っている人が多いが、よくジャケットを見てほしい。実際の屋号はLee's Sportswearである。左上の掛け看板は撮影のために設置されたのだ。

現在はウルフナイツというブリトー屋が営業中。この辺りは洋品店が密集している地域で、レザージャケットなど革製品を扱っている店が多く見られる。

ビースティー・ボーイズの
秘密基地的スタジオ

THE DUNGEON

　ノリータ地区にあるこのロフトは、90年代にビースティー・ボーイズのスタジオ「ザ・ダンジョン」があった。「Three MC's and One DJ」のビデオではこのスタジオでのミックス・マスター・マイクとのセッションの様子が収められている。ビデオを見るとミックス・マスター・マイクが長い階段を降りているのがわかるが、スタジオは地下4階にあったらしく、まさにダンジョン（地下牢）という名にふさわしい場所だったようだ。テクノミュージシャンのモービーもこのロフトに住んでいた。

RISK 👊👊👊👊👊
ADDRESS 262 Mott St.
STATION ⓑⒹⒻⓂ B'way-Lafayette St
MAP P79 ㉕

アルバム『Hello Nasty』は、このスタジオでレコーディングされた

故MCAのイラストが描かれた壁

MCA WALL

　3年間の闘病の末、2012年に癌でなくなったMCAことアダム・ヤウク。彼を追悼する壁画をイースト・ヴィレッジで発見した。初期の名曲「Fight For Your Right」のビデオの中でMCAが「You gotta fight!!!」と叫んでいる瞬間がモチーフとなっている。描いたのはグラフィティ・ライターのCRAMCEPT。ビースティーの3人は、デビュー前にここからほど近い場所にあった「ラットケージレコード」をたまり場にしていたという（307 E 9th St.）。

RISK 👊👊👊👊👊
ADDRESS 86 E 7th St.
STATION ⑥ Astor Pl
MAP P79 ㉖

MONEY MAKIN' MANHATTAN

ア・トライブ・コールド・クエストの
ビデオに登場した老舗ダイナー

RISK 🍴🍴🍴🍴
ADDRESS 33 Leonard St.
PHONE (212) 925-7188
HOURS 月-金 6:00-21:00
土日 7:30-16:00
STATION ① Franklin St
MAP P79 ㉗

SQUARE DINER

　ア・トライブ・コールド・クエストの「Electric Relaxation」のビデオは、トライベッカで40年以上親しまれているレトロな佇まいの「スクエア・ダイナー」が舞台になっている。ビデオでメンバーが座っているのは窓側の奥からふたつめのテーブル。せっかくならここに座りたい。

　おすすめのメニューはランバージャック。パンケーキ2枚、卵料理（目玉焼き、オムレツなど調理法を選べる）、ハム、ソーセージ、ベーコン、ポテト、さらにトースト2枚（パンの種類も選択可）がつくボリュームたっぷりの朝食だ。クラブ帰りにここで朝食を食べてから帰る、といった人たちも多かったようだ。

　スクエアダイナーから2ブロック北に『ゴースト・バスターズ』で基地として使われた消防署があるのでチェックしてみよう（14 N Moore St.）。

『ゴースト・バスターズ』の基地
「FDNY Hook & Ladder No.8」

The Lumberjack ($15)

ア・トライブ・コールド・クエスト「Can I Kick It」ロケ地

JOHN V. LINDSAY EAST RIVER PARK

RISK 🟧🟧🟧🟧🟧
ADDRESS John V. Lindsay East River Park
STATION F J M Z Delancey St-Essex St
MAP P79 ㉘

　1991年リリースのア・トライブ・コールド・クエストのシングル「Can I Kick It?」。ルー・リードの「Walk on the Wild Side」をサンプリングして有名なこの曲のビデオは、イーストリバー・パークのウィリアムズバーグ・ブリッジの橋桁の下で撮影された。

　よく見るとトライブのメンバー（まだジャロビが在籍中）のほかにもデ・ラ・ソウルのポスやトゥルゴイらも映っており、みんなで「空飛ぶターンテーブル」から逃げまわっている。取材時は橋の下は工事の資材置き場になっており立入禁止になっていた。天気がよい日はイーストリバー沿いのプロムナードの散歩が気持ちいい。

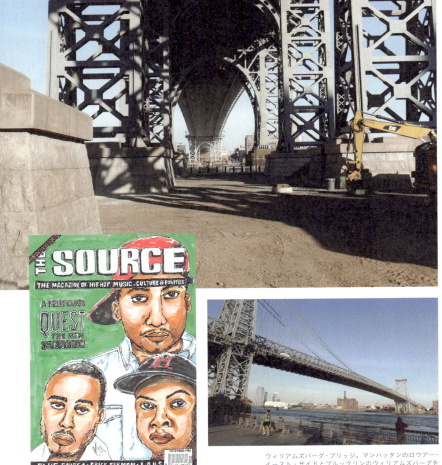

ウィリアムズバーグ・ブリッジ。マンハッタンのロウアー・イースト・サイドとブルックリンのウィリアムズバーグを結ぶ2,227mの橋

MONEY MAKIN' MANHATTAN

『Enter The Wu-tang』のジャケの会堂

ANSHE SLONIM SYNAGOGUE

RISK 👊👊👊👊👊
ADDRESS 172 Norfolk St.
URL www.orensanz.org
STATION F J M Z Delancey St-Essex St
MAP P79 29

※見学する場合は要予約

　元々ユダヤ人のコミュニティだったロウアー・イースト・サイド。ノーフォーク通りに古く大きな「シナゴーグ（ユダヤ教の会堂）」が建っている。1850年に建てられ、現存する中ではニューヨークで一番古いシナゴーグだ。ここはヒップホップ史上に名を残すウータン・クランの1stアルバム『Enter The Wu-Tang』のジャケットの舞台となった場所。当時は手入れされておらず、いまにも崩れ落ちそうな佇まいだったという。
　現在はスペインの彫刻家／画家のエンジェル・オレンサンズによって、ギャラリー、ライヴ、結婚式などで使えるイベント会場として公開されている。

ウータン・クラン
『Enter The Wu-Tang』(1993) Back Cover

「Jump Around」の舞台のアイリッシュパブ

OLD TOWN BAR

RISK
ADDRESS 45 E 18th St.
PHONE (212) 529-6732
HOURS 月-金 11:30-23:30
　　　　土 12:00-23:30
URL www.oldtownbar.com
STATION L N Q R 4 5 6 14 St-Union Sq
MAP P78

　クラブのみならず、野球などのスポーツの会場でも人々をロックさせ続けているハウス・オブ・ペインの大ヒット曲「Jump Around」。ロゴにアイルランドの国花であるシャムロック（クローバー）を象るなど、アイルランド系アメリカ人をレペゼンする彼らが同曲のビデオの舞台に選んだのは、やはりアイリッシュパブの「オールドタウンバー」である。

　ここは1892年創業したという老舗中の老舗。マホガニー材と大理石でできた17メートルに及ぶバーカウンターはもちろん、机、椅子、照明、床タイルからトイレの小便器（男性は必見！）まで、すべてにおいて風格を感じさせる酒場だ。

『ワイルド・スタイル』のコンサート会場

EAST RIVER AMPHITHEATER

RISK 👊👊👊👊👊
ADDRESS East River Amphitheater
STATION F East Broadway
MAP P79 ㉛

　『ワイルド・スタイル』の最後の野外コンサートのシーンはイーストリバー・パークの円形劇場で撮影された。ウィリアムズバーグ・ブリッジのたもと（P92）から川沿いを南に数分歩くとステージが見えてくる。
　ステージの後ろの建物がごっそりなくなっていて寂しいが、屋根のアーチがかろうじて当時の姿を彷彿とさせている。円形劇場がリニューアルされたのは9.11以降。それまでまったく手入れされておらず、ホームレスやドラッグの売人の巣窟になっていたようだ。
　1981年10月10日にライヴシーンの撮影が行われたが、機材トラブルで映像が使えず、翌年5月1日に再度行われたという秘話がある。

『ワイルド・スタイル』©New York Beat Films LLC

95年の円形劇場の様子。
まるで秘境のようだ
（写真提供：KCD）

マンハッタンの巨大ディスコ/ローラースケートパーク跡

ROXY

1982年、チェルシーにある「ロキシー」でホイールズ・オブ・スティールというパーティーが始まった。DJはアフリカ・バンバータやグランドマスター・フラッシュ、ライヴにはトレチャラス・スリーやフィアレス・フォーなどのラップグループ、ロック・ステディ・クルーなど、ブロンクスの人気アーティストが幅広く出演した。パーティーの主催者はルーザ・ブルー。彼女は元々ダウンタウンのパンクシーンにいたため、パンクスやニューウェーブのファンも多く訪れ、人種の垣根を超えたカルチャーが交わっていたという。

映画『ビート・ストリート』(1984)では、ロキシーでのアフリカ・バンバータ&ソウル・ソニック・フォースのライヴやニューヨーク・シティ・ブレーカーズやロック・ステディ・クルーのブレイクダンスのバトルを見ることができる

RISK
ADDRESS 515 W 18th St.
STATION Ⓐ Ⓒ Ⓔ 14 St, Ⓛ 8 Av
MAP P78 ㉜

『ビート・ストリート』で
ブレイクダンスのバトルが行われた駅

57 ST STATION

RISK
ADDRESS 57 St Station (F Line)
STATION Ⓕ 57 St
MAP P78 ㉝

1984年に公開した映画『ビート・ストリート』は、DJやグラフィティライターとして成功することを夢見たサウスブロンクスの若者たちの青春ヒップホップムービー。アフリカ・バンバータ、トレチャラス・スリー、ダギー・フレッシュも出演している。劇中には主人公の弟が所属しているブレイクダンスチームとライバルチームとのバトルシーンにこの駅が使われた。ブレイクダンスチームは、実在のニューヨーク・シティ・ブレーカーズとロック・ステディ・クルーが演じており、長年に渡りライバル関係だった。

アメリカの老舗デパート
MACY'S HERALD SQUARE

アメリカを代表するデパート「メイシーズ」の旗艦店がミッドタウンにある。カニエ・ウェストがマルーン5のアダム・レヴィーンをゲストに迎えた曲「Heard 'Em Say」では、メイシーズの全面協力でビデオの撮影が行われた。監督は数々の傑作ミュージックビデオを生み出し、映画『ブロック・パーティー』(2004)の監督としてもおなじみの巨匠ミシェル・ゴンドリー。いまは改装されて中の様子は当時と変わってしまったのが残念。困ったときのトイレスポットとしても覚えておきたい。

なかなかお目にかかれない木製のエスカレーターは必見だ

RISK 👊👊👊👊👊
ADDRESS 151 W 34th St.
PHONE (212)695-4400
HOURS 月-金 9:30-22:00
   土 9:00-22:00
   日 11:00-21:00
URL l.macys.com/new-york-ny
STATION B D F M N Q R 34 St-Herald Sq
MAP P78 ㉞

世界金融の中心地
NASSAU ST. AND PINE ST.

1997年に発表されたビートナッツの「Off The Book」は、同じスパニッシュ系のビッグ・パンとキューバン・リンク（ふたりともデビュー前）をフィーチャーしたヒットチューンだ。このビデオでは4人が真っ白のスーツに身をまとい、ウォール街の1ブロック北のパイン通りでラップしている。この辺りは世界金融の中心地。4人を右側から映したときに、背後に古代ギリシアの神殿を思わせる建物が映っている。それが世界経済にもっとも影響力をもつと言われるアメリカ最大の株式取引所、ニューヨーク証券取引所だ。

RISK 👊👊👊👊👊
ADDRESS Nassau St. and Pine St.
STATION ④⑤ Wall St
MAP P79 ㉟

ニューヨーク証券取引所

「New York Shit」に登場する中華食材店

NUMBER ONE LONG HING MARKET INC.

RISK
ADDRESS 17 E Broadway
STATION F East Broadway
MAP P79 ㊱

2006年に発表されたバスタ・ライムスのニューヨークアンセム「New York Shit」。ビデオにはQ・ティップやラキム、スリック・リックなど、ニューヨークを代表する大御所アーティストたちがカメオ出演しており、ニューヨークの象徴的な場所が多く映しだされる。

個人的に一番気になったのが客演しているスウィズ・ビーツの背後に映し出される中華食材店。店頭には新鮮な野菜や果物、魚介類などが並ぶ。スウィズ・ビーツはブロンクス出身なので、チャイナタウンとはあまり関連は無さそうなのだが……。

伝説のラッパー、アップタウンが佇む駅

BOWLING GREEN STATION

1989年にトミーボーイから12インチを1枚のみ発表して消えていったラッパー、アップタウン。その1枚、「Dope On Plastic」のジャケのインパクトはかなりのものだ。駅の中でバットを持って佇むアップタウン……。どうしてもこの撮影場所がどこの駅なのか知りたくて探し出した。この駅はおそらく「Bowling Green駅」。❹❺ラインのみ停車する駅はこことWall St駅しかないのだ。改札の場所が少し変わってしまったが、柱の形状などは一致したので、この駅に間違いないはず。

アップタウン
「Dope On Plastic」(1989)

RISK
ADDRESS Bowling Green Station
STATION ❹❺ Bowling Green
MAP P79 ㊲

MONEY MAKIN' MANHATTAN

若者に人気の街
LOWER EAST SIDE

　古くはユダヤ人街だったロウアー・イースト・サイド。最近はおしゃれなクラブや服屋、飲食店などが増え、若者に人気の街になっている。そんな街を舞台にビデオを撮影したのがリアーナだ。2010年9月26日に撮影された「What's My Name?」のビデオでは、エセックス通りとデランシー通りの交差点周辺やリヴィントン通りを歩いている様子がおもに使われている。

　冒頭のドレイクと出会うデリを探してロウアー・イーストサイドのデリを何軒もハシゴしたが、結局見つからず。ドレイクとのシーンは別の場所で撮影されたと自分の中で結論づけた。

RISK 👊👊👊👊👊
ADDRESS Delancey St. and Essex St.
Rivington St. bet. Clinton St. and Suffolk St.
STATION Ⓕ Ⓙ Ⓜ Ⓩ Delancey St-Essex St
MAP P79 ㊳

1. リアーナが闊歩していたリヴィントン通り
2. ビデオではデランシー通りのリッチーズとファブコ・シューズの前でリアーナがダンスしている

2Pacが撃たれたスタジオ
QUAD STUDIO

　1994年11月30日、ここ「クアッド・スタジオ」のロビーで2パックが銃撃された。2パックはアップタウン・レコードに所属するラッパー、リトル・ショーンのレコーディングに参加するためにこの場所を訪れたが、エレベーターを待っている間に3人組の男に銃撃され、持っていたジュエリーを強奪される。その日スタジオの2階でノトーリアス・BIGがレコーディングを行っており、翌年のインタビューで2パックは、この事件はビギー、ショーン・コムズらが企てたと訴えた。後に激化する東西抗争の発端となった場所である。

ADDRESS 723 7th Ave.
URL quadnyc.com
STATION N Q R 49 St
MAP P78 39

パフ・ダディ率いる、バッドボーイレコードの事務所跡
BAD BOY RECORDS OFFICE

　1993年、パフ・ダディことショーン・コムズによって設立された「バッドボーイ・レコード」。バッドボーイといえば、ノトーリアス・BIGをはじめ、フェイス・エヴァンス、トータル、112、メイスなどが、ヒット曲を連発。自身の「I'll Be Missing You」も大ヒットし、グラミー賞を受賞している。そんなバッドボーイの事務所が最近まで54丁目と55丁目の間のブロードウェイにあった。再開発によりこの場所に高いビルができるということで、いまは廃墟となっている。文字が薄くなった看板が少しもの悲しい。

ADDRESS 1710 Broadway
STATION N Q R 57 St-7 Av
MAP P78 40

サイドにはパフ・ダディのブランド、ショーン・ジョンのロゴが書かれていた

MONEY MAKIN' MANHATTAN

ジミ・ヘンドリックスが作ったスタジオ

ELECTRIC LADY STUDIOS

RISK ★★★★★
ADDRESS 52 W 8th St.
URL electricladystudios.com
STATION Ⓐ Ⓑ Ⓒ Ⓓ Ⓔ Ⓕ Ⓜ W 4th-Wash Sq
MAP P79 ㊶

　ジミ・ヘンドリックスが作ったスタジオとして有名な「エレクトリック・レディ・スタジオ」。ジャンル問わず多くのミュージシャンがこのスタジオで傑作を生み出しているが、ヒップホップ的にはザ・ルーツのクエストラヴ、ディアンジェロ、Jディラら「ソウルクエリアンズ」が関わった作品がおなじみだろう。

　夜な夜なセッションを繰り返し、ザ・ルーツの「Things Fall Apart」、コモンの「Like Water for Chocolate」、エリカ・バドゥの「Mama's Gun」、そしてディアンジェロの「Voodoo」などをレコーディングしたという。ここで数々の名盤が誕生したのだ。

スタジオができる前は、地下にスライ&ザ・ファミリーストーンが初めてギグを行った「ジェネレーション・クラブ」というクラブがあった

凱旋門でおなじみの公園

WASHINGTON SQUARE PARK

RISK
ADDRESS Washington Square Park
STATION Ⓐ Ⓑ Ⓒ Ⓓ Ⓔ Ⓕ Ⓜ W 4th-Wash Sq
MAP P79 ㊷

「ワシントン・スクエア・パーク」は家族連れや学生、犬を散歩させる人から観光客まで多くの人で賑わうグリニッジ・ヴィレッジにある公園だ。

ランドマークである凱旋門は、1889年にジョージ・ワシントンが大統領に就任して100周年を記念して建てられたもの。この凱旋門の前で多くの映画やミュージックビデオが撮られているので、ニューヨークに行ったことがない人でも見覚えのある人が多いのではないだろうか。映画『KIDS / キッズ』でスケーター仲間のたまり場になっている公園もここである。いまの光景からは想像できないが、80年代はドラッグの売人が集まり「クラック・セントラル」と呼ばれていた。

マルコム・マクラーレン「Buffalo Gals」(1982)、ラン・DMC「Run's House」(1988)、スタティック・セレクター「Carry On ft. Joey Bada$$, Freddie Gibbs」(2014)、ジ・アンダーアチーバーズ「Amorphous Feat. Portug al the Man」(2015)など、80年代から2010年代まで世代を超えてミュージックビデオで使われている

キース・ヘリングの絵が残るプール

TONY DAPOLITO RECREATION CENTER

RISK 👊👊👊👊👊
ADDRESS 1 Clarkson St.
PHONE (212)242-5228
HOURS 11:00-19:00（夏季のみ）
URL www.nycgovparks.org/parks/tony-dapolito-recreation-center/facilities/outdoor-pools/tony-dapolito-pool
STATION ① Houston St
MAP P79 ㊸

　7番街とクラークソン通りの角にあるスポーツセンター「トニー・ダポリト・リクリエーションセンター」。ここの屋外プールの壁にはキース・ヘリングの絵が残っている。

　センターの設備を利用するには会員になる必要があるが、この屋外プールに関しては無料。もちろん夏季のみ。水着とタオルはもちろん持参が必要だが、ロッカー用の錠も忘れずに持っていこう。詳しくはHPをチェック。都会のど真ん中で、こんなプールに入れるなんて最高じゃないか。

　ちなみに映画『KIDS/キッズ』（1995）では、夜中にみんなでこのプールに忍び込んでいたが、真似すると普通に捕まるので絶対にやめよう。

ジャーメイン・デュプリ「Welcome To Atlanta (Coast 2 Coast Remix) ft. Diddy, Snoop Dogg & Murphy Lee」(2002) のビデオでは、パフ・ダディ (当時はDiddy名義) がニューヨークをレペゼンしてマディソン・スクエア・ガーデンの前でラップしている

ニューヨーク・ニックスの本拠地

MADISON SQUARE GARDEN

　スポーツのみならず、ライヴ会場としても有名な「マディソン・スクエア・ガーデン」。多くのアーティストたちがライヴを行い、伝説を産んでいる場所だ。

　ラン・DMC のライヴでは、「My Adidas」が始まると観客が履いてるスーパースターを脱いで、頭上に掲げるのが定番になっているが、これが初めて行われたのが1986年のマディソン・スクエア・ガーデンでのライヴだった。会場が何万足ものスーパースターで埋め尽くされたのをきっかけにラン・DMC はアディダスと契約。シグネチャーモデルが発売されるまでになった。

　1987年にはスコット・ラ・ロックが殺された翌日にブギ・ダウン・プロダクションズがライヴを強行。会場全体でスコットの死を悼んだ。

　1993年のビッグ・ダディ・ケインのライヴでは、その後対立しあうことになる2パックとノトーリアス・BIG がフリースタイルで共演。ビギーが「Where Brooklyn at?」というヒップホップ史に残るパンチラインを生み出した。

　また、数多くのアーティストがマディソン・スクエア・ガーデンでのライヴを映像化しており、ジェイ・Z やエミネム、ビースティー・ボーイズらがライヴDVDをリリースしている。

RISK 👊👊👊👊👊
ADDRESS 4 Pennsylvania Plaza
URL www.thegarden.com
STATION ①②③ 34 St-Penn Station
MAP P78 ㊹

money makin' MANHATTAN

A-1 Record Shop

RISK ✊✊✊✊
ADDRESS 439 E 6th St.
PHONE (212) 473-2870
HOURS 13:00-21:00
URL a1recordshop.com
STATION Ⓕ 2 Av
MAP P79 ㊺

オールジャンルの中古レコード店。日本人スタッフがいるので安心して買い物ができる。床のバーゲンコーナーも掘りがいあり！

Turntable Lab

ダンスミュージックの新譜や機材中心のレコードショップ。A・トラックのレーベル「フールズ・ゴールド・レコード」やディプロ、スパンク・ロックなどをいち早くフックアップした店である

RISK ✊✊✊✊
ADDRESS 120 E 7th St.
PHONE (212) 677-0675
HOURS 月-金 13:00-21:00
土日 12:00-20:00
URL turntablelab.com
STATION Ⓕ 2 Av
MAP P79 ㊻

イースト・ヴィレッジにある人気レコード店

RECORD SHOPS OF EAST VILLAGE

昔に比べたら少なくなっているが、まだニューヨークにもたくさんのレコード店がある。すべて紹介したいところだが、紙面の都合上難しいので、イースト・ヴィレッジにあるDJにも人気の4軒のレコード店を紹介したい。それぞれ徒歩数分以内で行ける場所にあるので、ハシゴしてゆっくりディグることも可能だ。

Academy Records

RISK ✊✊✊✊
ADDRESS 415 E 12th St.
PHONE (212) 780-9166
HOURS 12:00-20:00
URL academy-lps.com
STATION Ⓛ 1 Av
MAP P79 ㊼

オールジャンルの中古レコード店だが、尖った再発、新譜にも強い。レアなアフリカ物を中心とした自主再発レーベルもやっている。ブルックリンや18丁目にも支店あり

Good Records NYC

RISK ✊✊✊✊
ADDRESS 218 E 5th St.
PHONE (212) 529-2081
HOURS 月-金 12:00-20:00
土日 12:00-19:00
URL goodrecordsnyc.com
STATION Ⓕ 2 Av
MAP P79 ㊽

オールジャンルの中古レコード店。LP中心。店舗が狭いため、店主がかなりセレクトした逸品レコードは必探の価値あり

ソーホーのグラフィティ専門店
SCRAP YARD

RISK
ADDRESS 300 W Broadway
PHONE (212)343-2557
HOURS 月-土 10:00-21:00
日 11:00-20:00
STATION Ⓐ Ⓒ Ⓔ Canal St
MAP P79 ㊾

　ソーホーに店を構える「スクラップ・ヤード」。スプレー缶やマーカーなどのグラフィティ用品や作品、Tシャツ、DVD、本などが並ぶグラフィティーショップだ。90年代前半のニューヨークエリアでは、ファットキャップやスキニーキャップなどのグラフィティ用品は、ほぼここでしか手に入れられなかったので、多くのライターたちが出会う唯一のスポットだったという。いまでも人気のグラフィティライターがよく店を訪れるとか。

　ほか、ボングやシガレットペーパー、葉巻などの喫煙具も売っている。お土産に喜ばれるアイテムも揃っているので、ソーホーで買い物する際には立ち寄りたい。

ジェイ・Zが経営するラグジュアリースポーツバー
40/40 CLUB

RISK
ADDRESS 6 W 25th St.
PHONE (212)832-4040
HOURS 17:00-28:00
URL the4040club.com
STATION N R 23 St
MAP P78 50

　ジェイ・Zが経営するラグジュアリーなスポーツバー「40/40クラブ」。平日の通常営業時に訪れたときは、お客さんは野球やアメフトなどを真剣に見ながらカジュアルにお酒を楽しんでいた。週末はドレスコードが設けられているので、服装に注意が必要。ミッドタウン以外にもバークレイズ・センター（P102）やアトランタ空港にも出店している。

　店名の「40/40クラブ」という言葉は元々野球用語。メジャーリーグにおいて、1シーズンに40本以上のホームランと40個以上の盗塁を同時に記録した選手に与えられる称号。メジャーリーグ史上まだ4人しか到達していない。

THE 40/40 ($15)
店名を冠したバニラウォッカとゴディバのチョコレートのマティーニカクテル

ジェイ・Zなど有名ミュージシャンが出資するガストロパブ

THE SPOTTED PIG

2004年にオープンした「スポッテド・ピッグ」はニューヨーク初の英国式ガストロパブだ。ガストロパブとはレストランのような食事が提供されるパブのこと。90年代にイギリスで誕生した。この店はジェイ・Zが出資していて、3階のプライベートルームでしばしばディナー会を開いているようだ。ほかにも、U2のボノやファットボーイ・スリムことノーマン・クック、R.E.M.のマイケル・スタイプなどが出資。オシャレな店内なのでヒップホップに興味がない女性とも安心して食事ができる。

Chargrilled Burger with Roquefort Cheese & Shoestring Fries ($22)

RISK
ADDRESS 314 W 11th St.
PHONE (212) 620-0393
HOURS 月-金 12:00-17:00、17:30-26:00
土日 11:00-17:00、17:30-26:00
URL www.thespottedpig.com
STATION ① Christopher St-Sheridan Sq
MAP P78 (51)

MONEY MAKIN' MANHATTAN

Our Famous Memphis-Style Spareribs Served Wet Or Dry ($ 25.95)

RISK 👊👊👊👊👊
ADDRESS 645 9th Ave.
PHONE (212)265-1000
HOURS 月-木 11:00-24:00
　　　　金 12:00-25:00
　　　　土 11:00-25:00
URL www.southernhospitalitybbq.com
STATION Ⓐ Ⓒ Ⓔ 42 St/Port Authority Bus Terminal
MAP P78 ㊷

ジャスティン・ティンバーレイクが経営するBBQレストラン

SOUTHERN HOSPITALITY BBQ

　ティンバランドやネプチューンズとの仕事でポップフィールドのみならず、ヒップホップ/R&Bファンにも人気のジャスティン・ティンバーレイク。

　ヘルズ・キッチンにある「サザン・ホスピタリティ・BBQ」は彼が所有するBBQレストラン。テネシー州メンフィス出身のジャスティンだけに、南部のBBQ料理をメインに、ティンバーランド家のオリジナルレシピや祖母のサディー考案のデザートなども楽しめる。BBQ料理の肉はヒッコリーと桜の木で燻製された肉を使用。どのメニューもボリュームたっぷりなので、頼みすぎないように気をつけよう。

　店内には同郷のエルヴィス・プレスリーの写真も飾られている。

ロウアー・イースト・サイドにある人気理髪店
FRANK'S CHOP SHOP

　2006年にオープンし、ニューヨークのおしゃれバーバーブームを牽引するのがここ「フランクズ・チョップショップ」だ。ひげ剃りは＄25、ヘアカットは＄30〜60。予約必須なので必ず事前に電話しよう。日本人のスタッフも在籍しているので安心だ。
　GZAやゴーストフェイス・キラー、リック・ロス、ドレイク、グランド・プーバ、ダニー・ブラウン、バン・Bなど、有名ラッパーたちも髪を切りに来たことがあるという。もしかしたら、隣の椅子に人気アーティストが座っているかも!? 奥に売っているオリジナルキャップも大人気。帽子だけでもチェックしに行こう。

RISK
ADDRESS 19 Essex St.
PHONE (212)228-7442
HOURS 12:00-20:00
URL frankschopshop.com
STATION F East Broadway
MAP P79 53

店内にはFuturaなど有名アーティストのアートピースが飾ってある

MANHATTAN
MIDTOWN / DOWNTOWN

FOR MORE DETAIL

QRコードをスマートフォンなどで読み取ると、Google Mapsが表示され、詳細な地図をご覧いただけます。（インターネット接続が必要です。）

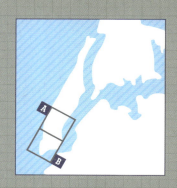

- **20** TIMES SQUARE
- **21** DEF JAM OFFICE
- **22** NYU WEINSTEIN HALL
- **23** NOHO STAR
- **24** PAUL'S BOUTIQUE
- **25** THE DUNGEON
- **26** MCA WALL
- **27** SQUARE DINER
- **28** JOHN V. LINDSAY EAST RIVER PARK
- **29** ANSHE SLONIM SYNAGOGUE
- **30** OLD TOWN BAR
- **31** EAST RIVER AMPHITHEATER

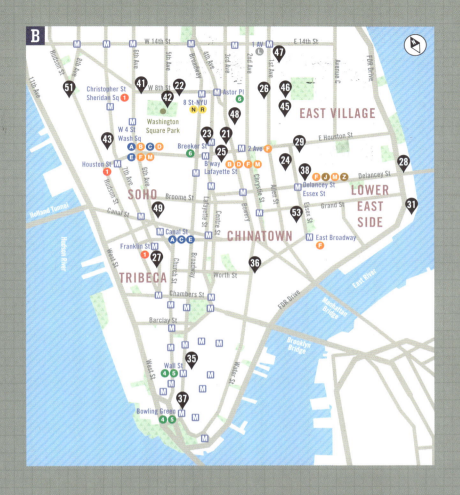

ヒップホップ的ファストファッション

RECOMMEND

FASHiON

ショッピングはニューヨークのお楽しみのひとつ。ソーホーで買い物するのも楽しいけれど、ローカルのニューヨーカーはソーホーでばっかり買い物しているかというとそうではない。普段買い物している場所はハーレムの125丁目(P32)やアルビー・スクエア・モール(P98)のあったフルトン・モール、ジャマイカ・コロシアム・モール(P131)があるジャマイカ・モール、ブロンクスの3rdモール、フォーダム・モールなどの商店街だ。それらのどの商店街にもある、ヒップホップ版ファストファッションとでもいうべき量販衣料品店を紹介したい。地元のキッズたちはこういう店で服を買っているのだ。

JIMMY JAZZ & FOOT LOCKER

「ジミー・ジャズ」と、日本でもお馴染みの「フットロッカー」はスニーカーを中心にスポーツブランドやストリートブランドが並ぶ

FASHION

DR. JAY'S & V.I.M.

「ドクター・ジェイズ」、「V.I.M.」は日本のジーンズメイトやしまむら的なお店。よく探すと日本では聞いたことのないブランドのかっこいいTシャツが隠れているので侮れない

MODELL'S

1889年創業の「モデルズ」は同じナイキやアディダスでもスポーツ寄りのラインが豊富に揃っている

SHOPPING STREET

そのほかにもその場所にしか無いローカルな服屋が多く並ぶ商店街。ジュエリーショップ、派手なスーツのお店など、気になったら恐れずに入ってみよう

No Sleep Till
BROOKLYN

「ブルックリン」という土地が産んだふたりのキング、ビギーとジェイ・Z。彼らの曲の中に登場する"危険な"ブルックリンと、いま話題の"オシャレな"ブルックリンのイメージの違いに戸惑う人たちも多いのではないだろうか。ジョーイ・バッドアスやフラットブッシュ・ゾンビーズなど、新世代のラッパーたちも続々と出てきており、この地のヒップホップの勢いは止まらない。昨今話題の"ヒップ"なブルックリンとはひと味違う"ヒップホップ"なブルックリンを紹介しよう。

『ドゥ・ザ・ライト・シング』の舞台

STUYVESANT AVE. BETWEEN LEXINGTON AVE. AND QUINCY ST.

1989年に公開され、世界中に物議をかもした映画『ドゥ・ザ・ライト・シング』。スパイク・リー監督&主演によるこの作品はベッドスタイ地区のスタイヴェサント・アベニューの住宅街で撮影された。

ピザ屋と向かいのデリはセットだったためになくなっている。というか、劇中で燃やされてしまっているが、それ以外の建物はほとんどそのまま残っている。訪れてみるとわかるが、区画の端同士、ピザ屋から主人公ムーキーの家まで徒歩1分ほど。つまりあの話はすべてたった一区画、85mほどの通りの中で起こった物語なのである。そして2015年、この通りは正式に「ドゥ・ザ・ライト・シング・ウェイ」と名付けられた。

2014年には公開25周年を記念して、ここでパブリック・エナミー（主題歌の「Fight The Power」のビデオもここで撮影されている）のライヴが行われたほか、2015年マイケル・ジャクソンの誕生日には、DJスピナがマイケルの曲のみプレイするブロックパーティー「Brooklyn Loves Micheal Jackson」が開催された。

RISK 👊👊👊👊👊
ADDRESS Stuyvesant Ave.
bet. Lexington Ave. and Quincy St.
STATION J Koscuiszko St
MAP P115 ❶

1.ピザ屋のあった場所は駐車場に。マイク・タイソンの壁画は消えてしまっている　2.ピザ屋跡の駐車場の2軒左側の家が「ウィ・ラヴ・ラジオ」のスタジオ。入口の位置が変わっている(174 Stuyvesant Ave.)

NO SLEEP TILL BROOKLYN

ビギーが育った家
BIGGIE'S CHILDHOOD HOME

1972年5月21日に生を受けたクリストファー・ウォレス。のちにノトーリアス・BIG、またはビギー・スモールズと呼ばれるようになるこの少年は、クリントンヒル地区にあるこの家の3階に住んでいた。父親は2歳のときに蒸発、小学校の教師をしている母親とともにふたり暮らしだった。

ビギーは12歳から道でクラックを売るようになり、儲けたお金でお気に入りの派手な服やスニーカーをたくさん買っていたが、母親に悪事を悟られないために、帰宅前に地味な服に着替えてから帰っていたという。フェイス・エヴァンスと結婚する1994年まで20年以上ここに住んでいた。

RISK
ADDRESS 226 St. James Pl.
STATION Ⓒ Clinton Washington Avs
MAP P116 ❷

ビギーの縄張り
FULTON ST. BETWEEN ST. JAMES PL. AND WASHINGTON AVE.

クラックを売り始めたビギーの"シマ"は、実家から歩いて1分ほどのフルトン通りだったという。自らのサクセスストーリーを歌った「Juicy」のビデオはまさに彼のかつての"シマ"で撮影されている。個人的にこのビデオで目を引くのはチラッと映る信号機で懸垂している人。いまは少なくなったというが、昔は道で懸垂している人がよくいたらしい。ビギーの伝記映画『ノトーリアス・B.I.G.』(2009)でもちゃんと再現されていた。

RISK
ADDRESS Fulton St. bet. St. James Pl. and Washington Ave.
STATION Ⓒ Clinton-Washington Avs
MAP P116 ❸

懸垂をしていた信号

ビギーが描かれた壁
BIGGIE WALL

亡くなってから20年近く経つ現在も不動の人気を誇るビギー。彼の顔が描かれたグラフィティも多く存在する。そのうちブルックリンにあるふたつの場所を紹介したい。

ビギーの実家からフルトン通りを西へ1kmほど行ったサウスポートランド・アベニューとの角にあるこの壁画。社会主義国のプロパガンダポスターのようなデザインで、どことなくチェ・ゲバラっぽいビギーが特徴的。というのも、この店はグリルド・コーンが人気のキューバ料理店「Cafe Havana」のブルックリン店の建物。こちらはテイクアウト専門店で、向かいに屋外でキューバ料理が楽しめる開放的なレストランがある (757 Fulton St./(718)858-9500／冬期は休業)

RISK 👊👊👊👊👊
ADDRESS 690 Fulton St.
STATION Ⓒ Lafayette Av
MAP P116 ❹

RISK 👊👊👊👊👊
ADDRESS 486 Dekalb Ave.
STATION Ⓖ Classon Av
MAP P116 ❺

ベッドスタイ地区のディキャルブ・アベニューとフランクリン・アベニューの角にある壁。最近ではプロ・エラのCJ・フライが「Ernee」のビデオでフィーチャーしている。帰りには1ブロック南にある人気ドーナツ屋「Dough」でおやつを買って帰りたい (448 Lafayette Ave./(347)533-7544)。クリスピーな歯触りがくせになるドーナツリング。おすすめはハイビスカスだ

ジェイ・Zの生まれ育った公営団地
MARCY HOUSES

　ジェイ・Zは悪名高い「マーシー団地」の10号棟で育った。ここがいかに悲惨なところかはジェイ・Zの曲中でなんども言及されているが、それは昔の話ではない。最近も射殺事件が起こっているほど危険な場所である。

　団地より北のエリアはハシディームのコミュニティが広がる。ハシディームとはユダヤ教の教えを厳格に守るユダヤ人のこと。男性は黒コートとハットを着用し、ひげを生やしているので、一目瞭然だ。治安の悪い団地と敬虔なユダヤ教徒のコミュニティが道を挟んで隣同士にあるというのが、ニューヨークのおもしろいところでもある。

RISK
ADDRESS 534 Flushing Ave.
　　　（ジェイ・Zの育った10号棟の住所）
STATION Ⓖ Flushing Av
MAP P115 ❻

ロッカフェラの舎弟であるメンフィス・ブリークも同10号棟出身だ

ジェイ・Z「Hard Knock Life」のデリ

ROCKY'S DELI GROCERY

ジェイ・Zの初期のヒット曲「Hard Knock Life」。45キングがミュージカル『アニー』の曲をサンプリングして大ヒットしたこの曲のビデオでは、マーシー団地からほど近いブロードウェイ沿いのデリで撮影された。ブルックリンのブロードウェイ沿いは地下鉄の J Z ラインの高架が敷かれており、ジェイ・Zもマンハッタンに行くときはこの地下鉄に乗っていた。そんなこともあり、ジェイ・Zの名前はこのラインから名付けられたと思ってしまいがちだが、実際は小さいころのあだ名の「ジャジー」を、80年代に兄貴分として慕っていたラッパー「ジャズ・O」に似せて表記したことが由来だという。

RISK 🍌🍌🍌🍌🍌
ADDRESS 590 Broadway
STATION J M Lorimer St
MAP P115 ❼

NO SLEEP TILL BROOKLYN

『ブロック・パーティー』の会場

BROKEN ANGEL HOUSE

俳優/コメディアンのデイヴ・シャペルが2004年に開催した「ブロック・パーティー」は、再結成したフージーズ、カニエ・ウェスト、コモン、エリカ・バドゥ、ザ・ルーツ、モス・デフなどトップスターが勢揃いし、ミシェル・ゴンドリーの手によりドキュメンタリー映画化されて伝説となった。

会場となったブロークン・エンジェル・ハウスは風変わりな老夫婦が住む、見た目も奇妙なアトリエだったのだが、現在は残念ながら取り壊されてしまっていた。

会場に向かって左側に大きなサルベーション・アーミーのスリフトショップがある。お宝が隠れていることも多いので、必ずチェックしたい。

RISK
ADDRESS 4/6 Downing St.
STATION G Classon Av
MAP P116 ⑧

The Salvation Army (22 Quincy St.)
スリフトショップとは、日本で言うリサイクルショップ。服や生活雑貨が安価で売られている。営業時間は9時から17時半、日曜定休

『ブロック・パーティー』
発売・販売元：エイベックス・ピクチャーズ
価格：3,800円(税抜)
ⓒ2006 Block Party Productions, LLC and Kabuki Brothers, LLC

ベッドスタイの公営野外プール

KOSCIUSZKO POOL

　ベッドスタイ地区の真ん中にある野外プール。オーディオ・トゥーのクラシック「Top Billin'」やモス・デフの「Ghetto Rock」のビデオがここで撮影された。トニー・ダポリトのプール（P70）同様、夏季は無料で入場できるため、地元のキッズたちでにぎわう。水着、タオル、ロッカー用の錠を忘れずに。

　さて、Kosciuszkoという名前だが、正しい発音はどうなのだろうか。語源となったポーランド軍人は「コシチュシュコ」、オーストラリアの同名の山は「コジオスコ」と言うようだが、どちらを発音しても、なかなか伝わりづらいのが困った。ニューヨークでは「クシェスコ」と発音すると伝わりやすいようだ。

RISK
ADDRESS 670 Marcy Ave.
PHONE (718)622-5271
HOURS 11:00-19:00（夏季のみ）
URL www.nycgovparks.org/parks/kosciuszko-pool/facilities/outdoor-pools/kosciuszko-pool
STATION G Bedford-Nostrand Avs
MAP P116

NO SLEEP TILL BROOKLYN

ギャング・スター「Just To Get A Rep」ロケ地

WILLIAMSBURG BRIDGE

ギャング・スターの1991年のシングル「Just To Get A Rep」のビデオは、ウィリアムズバーグ・ブリッジのたもとにある創業120年以上を誇る老舗ステーキハウス「ピーター・ルーガー」の前の道、ブロードウェイ〜南6丁目あたりで撮影された。ぜひステーキを食べる前、ここにグールーが立っていたことを感じてほしい。

撮影時期もほぼ同じだと思われるア・トライブ・コールド・クエストの「Can I Kick It?」のビデオの撮影地もウィリアムズバーグ・ブリッジの下（P59）だが、イーストリバーを挟んで反対側。場所だけでなく、曲調やリリックも対照的なのがおもしろい。

RISK 👊👊👊👊👊
ADDRESS Broadway bet. Roebling St. and Driggs Ave.
STATION Ⓙ Ⓜ Ⓩ Marcy Av
MAP P115 ❿

ディナーは数週間前に予約がいっぱいになってしまうというPeter Luger (178 Broadway / (718) 387-7400)

野外ライヴが開催される公園

HERBERT VON KING PARK

RISK
ADDRESS 670 Lafayette Ave.
STATION Ⓖ Bedford-Nostrand Avs
MAP P116 ⑪

　ベッドスタイ地区にある「ハーバート・ヴォン・キング・パーク」。"ベッドスタイの市長"とも呼ばれた活動家の名を冠したこの公園にあるステージでは、毎年夏になるとヒップホップ・アクトによるフリーライブが行われている。これまで、ナイス&スムースやビッグ・ダディ・ケイン、ビズ・マーキー、EPMDなどがステージを飾った。

　また、2000年のクラブ・アンセム、M.O.P.の「Ante Up」のビデオは、このステージや公園周辺で撮影されている。公園で遊んだら、ビデオにも出てくる中華料理店「グッド・フレンド」で、チャイニーズを味わってみよう。

GOOD FRIEND (270 Tompkins Ave.)

NO SLEEP TILL BROOKLYN

故オール・ダーティ・バスタードが描かれた壁

ODB WALL

　ブルックリンのフォートグリーン地区で育ったオール・ダーティ・バスタード。そこからさほど遠くないベッドスタイ地区には2004年に35歳の若さで亡くなった彼を追悼して描かれた壁画がある。フードクーポン（低所得者に対して渡される、食料費を補助するための商品券）用のIDカードを模した彼の1stアルバム『Return to the 36 Chambers: The Dirty Version』のジャケットがモチーフになっている。ちなみに息子がヤング・ダーティー・バスタードという名でラッパーとして活動中。

RISK 👊👊👊👊
ADDRESS 448 Franklin Ave.
STATION C S Franklin Av
MAP P116 ⑫

ショーン・プライスを追悼する壁画

SEAN PRICE WALL

　2015年8月に急逝したショーン・プライス。ブルックリン出身の彼は90年代からヘルター・スケルター/ブート・キャンプ・クリックの一員としてアンダーグラウンドのハードコアヒップホップシーンを牽引してきたラッパーのひとりだ。亡くなった2日後には、この壁画が描かれていたという。取材時には花やお酒などが供えられており、地元から愛されていたラッパーだったということを実感した。ラッパーのメンフィス・ブリークは彼の従弟にあたる。

RISK 👊👊👊👊
ADDRESS 1229 Bergen St.
STATION C Kingston-Throop Avs
MAP P115 ⑬

DUCK DOWN WALL

人気レーベルのロゴが描かれた壁

RISK
ADDRESS 896 Laffayette Ave.
STATION J Koscuiszko St
MAP P115 ⑭

1995年、ブラック・ムーンのバックショットと元ナーヴァス・レコードのドゥルー・ハによって立ち上げられたレーベル「ダック・ダウン」。ブート・キャンプ・クリック勢を始め、ファラオ・モンチやデ・ラ・ソウル、KRS・ワンなど、さまざまなアーティストの作品をリリースしている。そのレーベルのグラフィティをベッドスタイ地区のデリの壁で発見。ここら辺に事務所があったのだろうか？

ちなみに、この辺はビッグ・ダディ・ケインが若いころに友人たちとつるんでいた場所でもあるらしい。

SMIF-N-WESSUN WALL

レペゼン・バックタウン、スミフン・ウェッスンの壁画

RISK
ADDRESS 1407 Broadway
STATION J Z Gates Av
MAP P115 ⑮

左ページのショーン・プライスと同じブート・キャンプ・クリックのメンバーとして、バックタウン（ブルックリンの別名）をレペゼンしてきたスミフン・ウェッスン。名前のネタ元である同名の拳銃会社から訴えられて名前をココア・ブラヴァズに改名し、日本でもスーパーマリオネタがクラブヒットしていたが、いつの間にか元の名前に戻っていた。

そんな彼らの壁画を駅の近くのジャマイカ料理屋、「レゲエカフェ」の壁で発見。レゲエっぽいフロウが魅力の彼らにぴったりの場所だ。

NO SLEEP TILL BROOKLYN

ア・トライブ・コールド・クエスト「Oh My God」の撮影地

MONROE ST. AND MARCUS GARVEY BLVD.

　この本を作るにあたって、どうしても見つけたい場所があった。それがア・トライブ・コールド・クエストの「Oh My God」のビデオの撮影地だ。しかし、いくら調べても情報がなく、YouTubeを何度も一時停止にしてヒントを探し、Google Mapsでそれっぽい場所を確認するという地味な作業を繰り返した。

　Qティップとファイフの出身地クイーンズではなさそうなので、アリの出身のベッドスタイ地区に当たりをつけ、影の向きから方角を特定、南西の角に公園がある交差点を探していくと、1カ所だけ該当する場所がヒット。ストリートビューで確認したら、まさにこの場所だったのだ。見つけたときはバスタばりに「オーマイガーッ」と叫んだほど。

RISK ✊✊✊✊✊
ADDRESS Monroe St. and Marcus Garvey Blvd.
STATION 🅒 Kingston-Throop Avs
MAP P115 ⑯

1. アリはトラックの荷台に乗ってモンロー通りを東に向かう　2. Q・ティップとファイフがラップしている公園は交差点の角にあるレイモンド・ブッシュ公園

バスタ・ライムスが「オーマイガーッ」と叫んでいるのはデリのひさしの上

ニューヨーク随一のリゾート地

CONEY ISLAND

ブルックリン最南端にあるリゾート地、「コニーアイランド」。20年代に作られた観覧車「ワンダーウィール」や木製ローラーコースター「サイクロン」などの貴重なアトラクションなどが残っている。一時は治安が悪く客足が遠のいたが、現在はきれいに再開発された。夏には海水浴ができることもあり、家族連れを中心にニューヨーカー定番のリゾート地だ。

ロケ地としても人気の場所で、映画『ウォリアーズ』、スパイク・リーの『ラストゲーム』、ミュージックビデオではジャングル・ブラザーズやテン・シーヴス、ヴィシャス、最近ではビヨンセが使っている。

RISK 👊👊👊👊👊
ADDRESS Stillwell Ave. & Surf Ave.
STATION D F N Q Coney Island-Stillwell Av
MAP P117 ⑰

1. ビヨンセ「XO」(2013) のビデオでビヨンセが踊るエルドラド・オートスクーター内のゲームセンター　2. テン・シーヴス「It Don't Matter」(1995) のビデオでは木製ローラーコースター「サイクロン」の前でラップしている

NO SLEEP TILL BROOKLYN

右側の灰色の建物がある場所にアルビー・スクエア・モールが建っていた

ビズ・マーキーが歌ったショッピング・モール跡

ALBEE SQUARE MALL

かつてフルトン・モールにあった「アルビー・スクエア・モール」はブルックリンのキッズたちに人気のショッピングセンターだった。スニーカーやバスケジャージ、レアなミックステープなど、キッズが欲しいものがたくさん置いてあったという。

ラッパーたちも若い頃に通っていたようで、ビースティー・ボーイズ、ギャング・スター、レイクウォン、カポーン・アンド・ノリエガなど多くのラッパーの曲にその名が出てくる。ビズ・マーキーに至っては「俺の家はアルビー・スクエア・モール」という曲を作ったほどだ。

残念ながら2008年に閉店。その後トイザらスがあったが、取材時は新しいショッピングセンターを建設中だった。

RISK
ADDRESS 1 Dekalb Ave.
STATION 🅑🅠🅡 DeKalb Av または ②③ Hoyt St
MAP P116 ⑱

フルトン・モールにはESPOという名でグラフィティをやっていたスティーヴ・パワーズによるペインティングが至る所で見られる

ブルックリンキッズ御用達のダイナー

JUNIOR'S

RISK 🍔🍔🍔🍔🍔
ADDRESS 386 Flatbush Ave. EXT
PHONE (718)852-5257
HOURS 日-木6:30-24:00　金土6:30-25:00
URL www.juniorscheesecake.com
STATION ⓑⓠⓡ DeKalb Av
MAP P116 ⑲

　1950年創業、フルトン・モールの顔とも言えるダイナー「ジュニアーズ」。アルビー・スクエア・モールで買い物した後に、ここでチーズケーキを食べていくのがブルックリンキッズたちの定番だったようだ。それはビギーも同様。店内にはビギーのサイン入り写真が飾られている。有名なチーズケーキは、日本人にはちょっと甘すぎるかもしれない。

　ここの場所は、ル・ショーンの「Ready Or Not」のジャケや、ダ・バンドの「Tonight」、イル・アル・スクラッチ「Where My Homiez?（Come Around My Way）」のビデオなどに登場している。

ル・ショーン「Ready Or Not」(1993)

NO SLEEP TILL BROOKLYN

ブルックリン一高かったタワー

WILLIAMSBURGH SAVINGS BANK TOWER

　ブルックリンのランドマークのひとつ、"クロックタワー"の愛称で親しまれている「ウィリアムズバーグ貯蓄銀行タワー」は1929年に建てられた156mのビルだ。ブルックリナーが建つ2009年までは、80年もの間ブルックリンで一番高い建物だった。ブルックリンにはマンハッタンとは違い、高い建物があまりないため、色々な場所からよく見える。道に迷ったときの目印にするといいだろう。

　ここはサード・ベースの「Brooklyn Queens」のジャケに登場するほか、ビギーやモス・デフなど、ブルックリンの街角を映したビデオの背景に映っていることが多い。

RISK 👊👊👊👊👊
ADDRESS 1 Hanson Pl.
STATION B Q 2 3 4 5 Atlantic Av-Barclays Ctr
MAP P116 ⑳

サード・ベース「Brooklyn Queens」(1988)

バリー・マッギーが描いた巨大な壁
BARRY MCGEE WALL

マーク・モリス・ダンスセンターの東側にひときわ目を引く巨大な壁画がある。描いたのは80年代から「TWIST」の名でサンフランシスコのベイエリアを中心にグラフィティライターとして活動していたバリー・マッギー。1998年にサンフランシスコ近代美術館で巨大壁画を書いたのをきっかけに世界中に注目される存在になり、現在コンテンポラリーアートの世界でも最も人気のあるアーティストのひとりになった。トミー・ゲレロやテイ・トウワの作品のジャケットも手がけている。

ADDRESS 3 Lafayette Ave.
STATION ②③④⑤ Nevins St
MAP P116 ㉑

KAWSの壁画がある駐輪場
BAM BIKE PARK

上のダンスセンターの向かいにあるブルックリン・アカデミー・オブ・ミュージック（BAM）の駐輪場にもカラフルな壁画がある。こちらはグラフィティライター出身の大人気アーティスト、ブルックリン在住のKAWSが描いた。彼の作品はカニエ・ウェストやクリプスのアルバムジャケットやファレルとのコラボレーションフレグランスでもおなじみだ。

壁画前の「Bold wink」と書かれたオブジェはトーキング・ヘッズのデヴィッド・バーンがデザインした自転車スタンド。世界一オシャレな駐輪場である。

ADDRESS 31 Lafayette Ave.
STATION Ⓖ Fulton St
MAP P116 ㉒

NO SLEEP TILL BROOKLYN

ブルックリン・ネッツの本拠地

BARCLAYS CENTER

2012年にできたばかりのアリーナ施設「バークレイズ・センター」。ここはプロバスケチーム、ブルックリン・ネッツの本拠地であるほか、MTVのアワードなどの大きなライヴイベントも行われている。こけら落とし公演は、ネッツのオーナーのひとりでもあるジェイ・Zのライヴが行われた。

また、2013年11月にここで行われたカニエ・ウェストのイーザス・ツアーの公演では、ア・トライブ・コールド・クエストが再結成され、大きな話題を呼んだ。

これからもマディソン・スクエア・ガーデン（P71）とともにニューヨークを代表するアリーナとして、数々のトップアーティストのライヴが行われていくだろう。

RISK 👊👊👊👊👊
ADDRESS 620 Atlantic Ave.
STATION Ⓑ Ⓠ ❷ ❸ ❹ ❺ Atlantic Av-Barclays Ctr
MAP P116 ㉓

併設のネッツショップも要チェックしたい

ジェイ・Zが出資するチキンウィング・レストラン

BUFFALO BOSS

RISK
ADDRESS 400 Jay St.
PHONE (718)923-0800
HOURS 月-木 10:00-24:00　金土 10:00-25:00
　　　 日 11:00-24:00
URL www.buffaloboss.com
STATION A C F R Jay St-MetroTech
MAP P116 ㉔

「バッファロー・ボス」はジェイ・Zのいとこが経営しているチキンウイング・レストランだ。ジェイ・Zはこの店に出資している。貧乏だった幼い頃にチキンばかり食べていたので、いまはあまり好きではないと言っているジェイ・Zが出資するとは、相当味に惚れ込んだのだろう。

　大音量で最新のヒップホップチューンが流れるこのブルックリン店は、ファーストフードタイプの店なので、チップなど気にすることなく手軽に食事ができる。フルトン・モールで買い物中に小腹が空いたらココで決まり。

　125丁目とバークレイズ・センターの中にも支店があるので、近くに行ったら利用したい。

Wings 6pcs ($ 6.99)

NO SLEEP TILL BROOKLYN

ブルックリンの凱旋門
GRAND ARMY PLAZA

　ニューヨークの凱旋門というと、マンハッタンのワシントン・スクエア・パーク（P69）が有名だが、ブルックリンにも凱旋門がある。グランドアーミープラザにある南北戦争の兵士を讃えるために作られた「ソルジャーズ・アンド・セーラーズ・メモリアルアーチ」である。サード・ベースの「Brooklyn Queens」、スペシャル・エドの「I Got It Made」、ブラック・スターの「Definition」、同じモス・デフ＆タリブ・クウェリコンビの「History」など、多くのビデオに登場する。

　ブルックリンミュージアムから歩ける距離にあるので、足を伸ばしてみよう。

ブルックリン・ミュージアムではライヴやパーティーも行われている。美術館でのパーティーはなかなか新鮮だ

RISK 👊👊👊👊👊
ADDRESS 20 Grand Army Plaza
STATION ②③ Grand Army Plaza
MAP P114 ㉕

マイケル・ジャクソンのビデオでおなじみ
HOYT-SCHERMERHORN STATION

フルトン・モールのメイシーズの裏手にある「Hoyt-Schermerhorn駅」。ここはあのマイケル・ジャクソンの大ヒット曲「Bad」(1987)のビデオが撮影された駅だ。改札を入ってホームに降りる前のコンコースで撮影されているが、何度見比べても現在のコンコースよりもビデオの中のコンコースの方が広い。どうやら改装されて狭くなってしまったようだ。

「Bad」以外にも、同じマイケルが出演している『ウィズ』や、『星の王子ニューヨークへ行く』、『ウォリアーズ』、1990年版の『ミュータント・タートルズ』など、多くの映画にもこの駅が登場する。

RISK 👊👊👊👊👊
ADDRESS Hoyt-Schermerhorn Station
STATION Ⓐ Ⓒ Ⓖ Hoyt-Schermerhorn
MAP P116 ㉖

NO SLEEP TILL BROOKLYN

スパイク・リーの映画制作会社

40 ACRES AND A MULE FILMWORKS

　1986年に設立されたスパイク・リーの映画制作プロダクション「40エイカーズ・アンド・ア・ミュール」。地元であるこの地に2004年から事務所を構えた。

　この長い会社名は南北戦争後に開放されたアフリカ系アメリカ人の奴隷に対して、40エーカーの農地とラバ (mule) 1頭を与える補償をした政策から名づけられている。結局その政策は失敗し、アフリカ系アメリカ人にはそれらの補償は与えられなかったため、現在はアフリカ系アメリカ人が政権や政策を皮肉る言葉として使われている。ヒップホップの曲のリリックでもよく出てくるので注意して聞いてみよう。

『スクール・デイズ』(1988) に登場した「ウェイク・アップ」の鐘が飾られている

RISK
ADDRESS 75 S Elliott Pl.
STATION Ⓖ Fulton St
MAP P116 ㉗

106

『クロッカーズ』の舞台となった公営団地
GOWANUS HOUSES

RISK 👊👊👊👊👊
ADDRESS 426 Baltic St.
STATION F G Bergen St
MAP P116 ㉘

　スパイク・リー監督、マーティン・スコセッシ制作で1995年に公開された映画『クロッカーズ』。ドラッグや銃が蔓延するブルックリンの公営団地を舞台に繰り広げられるサスペンス作品だ。その舞台となっているのが、ここ、「ゴワヌス団地」。主役のストライクは、いつもこの団地の広場（バルティック通りの南側の方）のベンチに座って、ドラッグを売りさばいていた。

　ストライクが毎日飲んでいた乳飲料「チョコムー」を飲みながら辺りを散歩しようと思ったが、デリでチョコムーが売っていなかった……。残念……。

　映画の主題歌を担当したクルックリン・ドジャーズ'95もこの団地でビデオを撮っている。

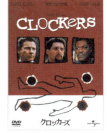

『クロッカーズ』
DVD：1,429円(税抜)
発売元：NBCユニバーサル・エンターテイメント

NO SLEEP TILL BROOKLYN

故MCAの名がつけられた公園

ADAM YAUCH PARK

RISK 👊👊👊👊👊
ADDRESS 27 State St.
STATION ②③④⑤ Borough Hall
MAP P114 ㉙

　2013年、ブルックリン・ハイツの南にあるこの公園に、ビースティー・ボーイズのMCAことアダム・ヤウクの名前が付けられた。MCAは幼いころ近所に住んでおり、この緑が生い茂る小さな公園で父親に自転車の乗り方を教えてもらったり、友人とバスケットボールを楽しんだりしていたという。エクストリーム・スポーツやバスケットボールを愛していたMCAの源流がこの公園にあると思うと感慨深い。

　彼の命日である5月4日前後には、この公園でMCA DAYという追悼イベントが開かれ、ファンが大勢集まってMCAを偲んでいる。

RISK ✊✊✊✊✊
ADDRESS 58 Adams St.
STATION F York St
MAP P114 ③D

『クラッシュ・グルーブ』ポスター撮影地

MANHATTAN BRIDGE ARCHWAY PLAZA

マネジメントを手がけたラン・DMCが大ヒットし、立ち上げたばかりのデフ・ジャム・レコードも絶好調だった1985年。ラッセル・シモンズは自身のサクセス・ストーリーを『クラッシュ・グルーブ』という映画にした。ラン・DMC、ビースティー・ボーイズ、LL・クール・J、ファット・ボーイズなどが本人役で出演。当時のヒップホップ業界の様子をうかがい知ることができる貴重な作品だ。

その映画のポスターが撮影されたのがダンボのマンハッタン・ブリッジ・アーチ・ウェイ・プラザ前なのだが、劇中にこの場所は一切出てこない。後ろのアーチの中では、ライヴやパーティーが開催されることもある。

映画『クラッシュ・グルーブ』(1985)
ポスター。（著者私物）

NO SLEEP TILL BROOKLYN

近くにある劇場、キングス・シアター（1027 Flatbush Ave.）も見逃せない。エリカ・バドゥやリンゴ・スターなど、様々な公演が行われている

ブラック・スター「Definition」のデリ

FARMER IN THE DELI

RISK 👊👊👊👊👊
ADDRESS 1060 Flatbush Ave.
STATION Q Beverley Rd
MAP P117 ③

モス・デフとタリブ・クウェリによるユニット、ブラック・スター。「Definition」のビデオの舞台となっているのはフラットブッシュ地区だ。

ここはカリビアンのコミュニティ。街を歩くとレゲエやカリプソ、ソカなどのカリビアンミュージックがそこらじゅうで流れている。レゲエの名リディム「Mad Mad」をサンプリングし、レゲエフレイヴァがあふれている同曲の撮影地としてはピッタリだ。

ビデオの中でフィーチャーされているデリをフラットブッシュ・アベニューで発見。名前はデルタ・デリ・マーケットに変わっているが、独特の形をした三角形のひさしは健在だ。

フラットブッシュ・ゾンビーズが
ジュースを買いに来るスーパー

NSA SUPERMARKET

イーストフラットブッシュ地区の墓地の西側にある「NSAスーパー」。フラットブッシュ・ゾンビーズの「MRAZ」のビデオの冒頭で、ゾンビ・ジュースがLSDと混ぜるためのジュースを買いにくるのがココだ。かなり疲れて人気がない場所なので要注意(隣は墓場だし)!!!

ところでフラットブッシュ・ゾンビーズを筆頭に、2010年以降サイケデリックな思想を持つラッパーが増えたのは興味深い。アシッド系ドラッグが流行っているから、という単純な理由だけなのだろうか？

RISK
ADDRESS 1086 Brooklyn Ave.
PHONE (718)693-3790
STATION ②⑤ Beverley Rd
MAP P117 ㉜

もうひとつのKFC

KENNEDY FRIED CHICKEN

若手ながら90年代のスタイルを継承して人気のジョーイ・バッドアス。そんなバッドアスの2013年に発表したミックステープ『Summer Knights』に収録されている「95 Til Infinity」のビデオでは、Sterling St駅を出てすぐにある「ケネディー・フライドチキン」でチキンを買って食べている。ケンタッキーと同じKFCであるケネディーは、ニューヨークのアフリカ系アメリカ人コミュニティを中心に展開しているファーストフードチェーン。フラットブッシュが発祥の地だそうだ。

RISK
ADDRESS 1032 Nostrand Ave
PHONE (718)756-8853
STATION ②⑤ Sterling St
MAP P117 ㉝

NO SLEEP TILL BROOKLYN

次世代バンドのデビューアルバムを飾った場所

PHONYLAND

RISK
ADDRESS Nostrand Ave. and Herkimer Ave.
STATION Ⓐ Ⓒ Nostrand Av
MAP P115 ㉞

　ブルックリン出身の若手ヒップホップ・バンド、フォニー・ピープル。彼らの1stアルバム『Phonyland』のジャケットを飾った場所をベッドスタイ地区のNostrand Av駅の近くで発見した。

　なぜ、なんてことないこの交差点をジャケにするのか疑問だったが、実はメンバーの家の近くだという。「Statues.」のビデオの冒頭で駅からその家に行くまでの様子が映しだされている。裏庭に大きなサウンドシステムが積んであるのが映っているが、家にこんなシステムがあるなんて、なんともうらやましい限り。

　ちなみにドラムのマフューは、DJジャジー・ジェイのご子息だ。

フォニー・ピープル「Phonyland」(2012)
水彩画調で描かれている

A・トラックが運営するレーベルの店

FOOL'S GOLD

　1997年に15歳の若さでDMCワールド・チャンピオンシップで優勝、カニエのバックDJを経て、いまやジャンルを超えてDJ/プロデューサーとし活躍しているA・トラック。
　ダニー・ブラウンなど人気アーティストを抱える彼のレーベル「フールズ・ゴールド」の店がウィリアムズバーグのメトロポリタン・アベニューにある。

いままでリリースしてきたレコード（いまやデジタル・ダウンロードが主流だが、初期は12インチ専門レーベルだった）やTシャツ、小物がならぶ。ブラック・スケールなどの人気ブランドとのコラボ商品も。靴下やホイッスル、マグカップなど、お土産にぴったりな商品も多い。

RISK
ADDRESS 536 Metropolitan Ave.
PHONE (347)294-4139
HOURS 月–土 12:00-18:00
URL foolsgoldrecs.com
STATION G Metropolitan Av
MAP P115 ㉟

Tシャツは＄28前後

Map
BROOKLYN

FOR MORE DETAIL

QRコードをスマートフォンなどで読み取ると、Google Mapsが表示され、詳細な地図をご覧いただけます。（インターネット接続が必要です。）

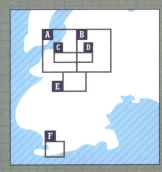

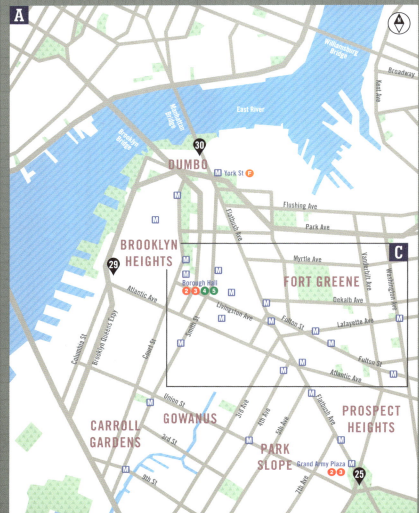

1. STUYVESANT AVE. BETWEEN LEXINGTON AVE. AND QUINCY ST.
6. MARCY HOUSES
7. ROCKY'S DELI GROCERY
10. WILLIAMSBURG BRIDGE
13. SEAN PRICE WALL
14. DUCK DOWN WALL
15. SMIF-N-WESSUN WALL
16. MONROE ST. AND MARCUS GARVEY BLVD.
25. GRAND ARMY PLAZA
29. ADAM YAUCH PARK
30. MANHATTAN BRIDGE ARCHWAY PLAZA
34. PHONYLAND
35. FOOL'S GOLD

- **2** BIGGIE'S CHILDHOOD HOME
- **3** FULTON ST. BETWEEN ST. JAMES PL. AND WASHINGTON AVE.
- **4** BIGGIE WALL
- **5** BIGGIE WALL
- **8** BROKEN ANGEL HOUSE
- **9** KOSCIUSZKO POOL
- **11** HERBERT VON KING PARK
- **12** ODB WALL
- **18** ALBEE SQUARE MALL
- **19** JUNIOR'S
- **20** WILLIAMSBURGH SAVINGS BANK TOWER
- **21** BARRY MCGEE WALL
- **21** BAM BIKE PARK
- **23** BARCLAYS CENTER
- **24** BUFFALO BOSS
- **26** HOYT-SCHERMERHORN STATION
- **27** 40 ACRES AND A MULE FILMWORKS
- **28** GOWANUS HOUSES

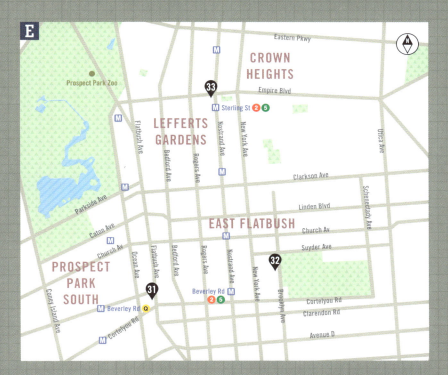

- **17** CONEY ISLAND
- **31** FARMER IN THE DELI
- **32** NSA SUPERMARKET
- **33** KENNEDY FRIED CHICKEN

OMIYAGE SELECTION

I♥NYのTシャツやヤンキースグッズもいいけれど、友人や恋人、家族のため、あとは自分のためのお土産はできるだけこだわりたいもの。安くて、ニューヨークっぽくて、さらにはヒップホップっぽいものをゲットできるお店を紹介!!!

STRAND BOOKSTORE

■ ニューヨークを代表する老舗書店、ストランドのトートバッグは、もはやニューヨークのお土産の定番。紹介するのはトートバッグではなくポーチだが、ヒップホップテイストのグッズを発見。カザールとゴールドチェーンを身につけたラン・DMCっぽいバグがプリントされたこのポーチは、犬好きにも好評なこと間違いなし。同デザインのマグカップ、マグネットなども販売している。ほかにもラッパーがリリックを書き留めるのに使う定番ノート「コンポジション・ブック」をモチーフにしたトートバッグやポーチもナイス。

Strand Bookstore
ADDRESS 828 Broadway
PHONE (212)473-1452
HOURS 月-土 9:30-22:30
　　　 日 11:00-22:30
URL www.strandbooks.com

MUSEUM STORES

✈ メトロポリタン美術館のような大きなところから、ウォール・ワークス(P19)のような場所まで、ニューヨークには大小様々な美術館やギャラリーがある。ヒップホップやグラフィティに関する展示が行われることも珍しくなく、併せてグッズが販売される事が多い。取材時にはニューヨーク市立博物館でオールドスクール期のヒップホップを撮り続けていた3人の写真家、ジャネット・ベックマン、ジョー・コンゾー、マーサ・クーパーの共同展「ヒップホップ・レヴォリューション」が行われており、Tシャツやポストカードなどのグッズが販売されていた。過去に開催された展示のグッズも置いてあることが多いので、美術館、ギャラリーに行った際には必ずチェックしよう。

Museum of the City of New York
ADDRESS 1220 5th Ave.
PHONE (212)534-1672
HOURS 月-日 10:00-18:00
URL www.mcny.org

SOUVENIR

NY TRANSIT MUSEUM GALLERY ANNEX & STORE

文房具も豊富！

ニューヨークのアイコン、そしてニューヨークのヒップホップのアイコンのひとつとも言える地下鉄。そんな地下鉄グッズを購入できるショップがグランドセントラル駅の地下にある。地下鉄や路線図をモチーフにしたグッズが多く、文房具などおみやげに最適なものばかり。鍋つかみなどのキッチン用品は女性にも喜ばれるだろう。ライターズベンチ(P13)があった149 St-Grand Concourse駅のプレートなんかも売っている。

NY Transit Museum Gallery Annex & Store
ADDRESS Grand Central Terminal
PHONE (212)878-0106
HOURS 月-金 8:00-20:00
　　　　土日 10:00-18:00
URL web.mta.info/mta/museum/

COSTUME GOODS

ハロウィン以外でも着てみよう！

ここ数年日本でも盛り上がり始めたハロウィンだが、毎年パレードが開催されるニューヨークの本気度は桁違いだ。街中にはハロウィン用の仮装グッズを扱うコスチュームショップ/パーティーショップが何軒かあり、様々なジャンルのコスチューム中に、ヒップホップな商品も並んでいる。空気で膨らますゲットーブラスター(ラジカセ)やラッパーなりきりセットから、スカーフェイスやチーチ&チョン、ウォリアーズのコスチュームまで、日本ではお目にかかれないものばかり。

New York Costumes
ADDRESS 104 4th Ave.
PHONE (212)673-4546
HOURS 月-土 11:00-20:00
　　　　日 12:00-19:00
URL www.newyorkcostumes.com

Party City
URL www.partycity.com

RESTAURANT GOODS

ニューヨークのレストランやカフェはオリジナルのグッズを売っている店が多い。40/40クラブ(P74)など、本誌でも紹介したレストランでもTシャツやマグカップなどを売っていたので、お土産にぴったりだ。ロウアー・イースト・サイドとウィリアムズバーグに店を構えるチキン&ワッフルレストランのスウィートチック。ナズがプライベートで食べに来たり、レイクウォンやジョーイ・バッドアスがライブを演ったり、タイラー・ザ・クリエイターがライブのアフターパーティーで使ったりと、様々なラッパーに人気のこの店でもマーチャンダイジングが充実していた。Tシャツやトートバッグはもちろんだが、靴下もカワイイ。好きなアーティストのTシャツを着るような感覚でお気に入りのレストランのグッズを身につけたい。

Sweet Chick
ADDRESS 164 Bedford Ave.
PHONE (347)725-4793
HOURS 月-金 11:00-26:00
　　　　土日 10:00-26:00

Walk This Way in
QUEENS

ラン・DMC、LL・クール・J、ナズ、50セントなど、多くのヒップホップスターたちを輩出した「クイーンズ」。5つのボロー(行政区)の中でもっとも広く、ニューヨーク独特の多様な民族がそれぞれのコミュニティを形成しているため、歩いているだけで服装や食事、宗教などの文化の違いをたくさん発見できるだろう。地下鉄の通っていないホリスやセント・オールバンズなどアクセスしにくい場所もあるが、有名ラッパーたちのバックボーンを知るためには実際に訪れて、その地の空気を肌で感じたい。

WALK THIS WAY IN QUEENS

おなじみの地球儀

FLUSHING MEADOWS-CORONA PARK

RISK 👊👊👊👊👊
ADDRESS Flushing Meadows-Corona Park
STATION ❼ Mets-Willets Point
MAP P133 ❶

　ビースティー・ボーイズ、クレイグ・マック、ア・トライブ・コールド・クエスト……ヒップホップが好きなら、数々のアーティストのビデオやジャケットに大きな地球儀が写っているのを見たことがあるだろう。その地球儀はクイーンズの「フラッシング・メドウズ・コロナ・パーク」にある「ユニスフィア」だ。1964年に開催されたニューヨーク万博のときにシンボルモニュメントとして作られた。
　園内には船に乗れる湖や動物園、美術館、科学館など様々な施設があり、一日遊んで過ごせる公園だ。また、パーク北端にはメッツの本拠地シティフィールドやテニスの4大大会のひとつ全米オープンが行われるアーサーアッシュ・スタジアムがあり、スポーツの聖地としても知られている。
　❼ラインでこの公園に行く場合は途中の74 St-Broadway駅で降りてみよう。ここはインド系の移民が多いジャクソンハイツ。ラッパーのアクション・ブロンソンがレコメンドする「サミーズ・ハラルフード」のベンダーでお弁当を買って公園に行くのがおすすめだ（73rd St. and Broadway）。

グレン・E・フリードマンが撮影したビースティー・ボーイズ『Licensed to Ⅲ』(1986)の中ジャケでおなじみの「ユニスフィア」。ほかにもア・トライブ・コールド・クエスト「Award Tour」(1993)、オーガナイズド・コンフュージョン「Fudge Pudge ft. O.C.」(1991)、M.O.P.「World Famous」(1996)、レミー・マー「Whateva」(2005)など多数のビデオに登場する。

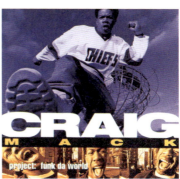

クレイグ・マック『Project: Funk da World』(1994)

Sammy's Halal Food。ハラルフードとはイスラム教の法律にのっとった食べ物のこと。Lamb Over Rice($6)はアクション・ブロンソン一押しプレート。ごはんの上にラム肉、レタスとソースがかかっている

1. Mets-W llets Point駅から出ると、橋の下に地下鉄のヤード(車庫)がある。
2. ア・トライブ・コールド・クエスト「Award Tour」のビデオに登場するロケット・スローアー像

WALK THIS WAY IN QUEENS

ナズが育った公営団地

QUEENSBRIDGE HOUSES

RISK 👊👊👊👊👊
ADDRESS 10th St. and 40th Ave.
(NASのジャケット撮影地)
STATION Ⓕ 21 St-Queensbridge
MAP P132 ❷

緑がうっそうとしていて、閑静な住宅地に見えるが危険な場所なので行くときは気をつけよう

ナズの1stから4thまでのアルバムジャケットの背景にうっすらとオーバーラップしている風景は、10丁目と40番街の交差点から「クイーンズブリッジ団地」を写した風景である。そのクイーンズブリッジ団地はナズが生まれ育った場所。ニューヨークでもトップクラスに入るほど危険な公営団地と言われている。

ナズのほかにもマーリー・マール、MCシャン、クレッグ・G、ロクサーヌ・シャンテ、トラジェディ・カダフィ、モブ・ディープのふたり、カポーンなど、この団地出身のヒップホップアーティストは数多い。パブリック・エナミーのチャック・Dも一時住んでいたとか。

ナズ『Illmatic』(1994)

レッドマン「I'll Be Dat」(1998)のビデオには隣接するデリ(現在閉業/13-11 40th Ave.)が登場する

クイーンズ・ボロ・ブリッジを見渡せる公園

QUEENSBRIDGE PARK

　クイーンズブリッジ団地の隣にあるクイーンズブリッジ・パーク。クイーンズのシンボルであるクイーンズボロ・ブリッジを見渡すことができるこの公園は、モブ・ディープの「Temperature's Rising」のアルバムジャケットやトラジェディ・カダフィの「Street Life」のビデオで登場する。

　また、近隣住人の憩いの場としても親しまれており、取材時はローカルの人たちが大きなサウンドシステムを出して大音量で音楽を聴きながらバーベキューをしていた。

　夏にはこの公園でライヴが開かれることも。2015年はジョージ・クリントン御大のライヴが行われた。

モブ・ディープ「Temperature's Rising」(1995)

天気のよい昼下がりは、でかいサウンドシステムで音を楽しみたい

RISK 　**STATION** F 21 St-Queensbridge
ADDRESS Queensbridge Park　**MAP** P132 ❸

WALK THIS WAY IN QUEENS

故ジャム・マスター・ジェイの
名がつけられた通り

RUN DMC JMJ WAY

RISK ✊✊✊✊✊
ADDRESS 205th St. and Hollis Ave.
STATION ロングアイランド鉄道Hollis
BUS F 169 StまたはJamaica-179 StからバスQ2
MAP P133

ニューヨークの一部でしか聴かれていなかったラップ・ミュージックを世界中に広めたラン・DMC。2002年10月30日に自身のスタジオで凶弾に倒れたDJのジャム・マスター・ジェイを偲んで、ラン・DMC3人の地元であるホリス地区の通りが「ラン・DMC JMJ ウェイ」と名付けられ、ストリートサインが設置された。

場所はホリス・アベニューと205丁目の交差点。地元のアーティストが描いたジャム・マスター・ジェイの壁画もある。

ここから2ブロック西にヒップホップアイテムを多数展示した「ホリス・フェイマスバーガー」というハンバーガー屋があったが、残念ながら潰れてしまった。

ラン・DMCを生んだ地
HOLLIS STATION

RISK
ADDRESS 193rd St. and 99th Av.
STATION ロングアイランド鉄道Hollis
MAP P133 ⑤

　1988年にリリースされたラン・DMCの「Run's House」のジャケットは、彼らの地元Hollis駅の南口の前で撮影された。現在もほぼ変わらずその姿を残している。

　大ヒット曲「Walk This Way」のジャケットはホリス地区の線路沿いで撮影されたという。おそらく駅の西側、99番街のロングアイランド鉄道の線路沿いの壁の前だと思われる。壁のグラフィティーが少し残っていないかと期待して、歩いて見て回ったが見つからなかった。30年も前の写真なのであたり前である……。

　LL・クール・J、ジャ・ルール、ヤングMC、エド・ラバー、DJハリケーンなど、ラン・DMC以外にも、ホリス地区出身のヒップホップアーティストは多い。

ラン・DMC「Run's House」(1988)

1. ラン・DMC「Walk This Way」(1986)
2. 205th St. and 99th Ave.あたり

WALK THIS WAY IN QUEENS

LL・クール・Jが通った高校

ANDREW JACKSON HIGH SCHOOL

　1987年に発売されて大ヒットしたLL・クール・Jの2ndアルバム『Bigger And Deffer』。赤いアウディ5000のボンネットに立っているクール・Jの背後にある建物は、クール・Jが通っていたアンドリュー・ジャクソン高校である。

　年代は違うが、同校にはもうひとりヒップホップスターが通っていた。それは50セント。クール・Jと50セント……、マッチョな奴しか入学できなかったのだろうか？　ちなみにふたりとも中退している。1994年にアンドリュー・ジャクソン高校は閉校され、現在は別の高校が入っている。駅からは遠いのでバスを使って行こう。

LL・クール・J『Bigger And Deffer』
(1987/©ユニバーサル ミュージック)

RISK ✊✊✊✊✊
ADDRESS 207-01 116th Ave.
STATION ロングアイランド鉄道 St. Albans
BUS 🅕 169 StまたはJamaica-179 StからバスQ77
MAP P133 ❻

撮影されたのは116番街の207丁目と208丁目の間。取材時にジャケと同じように撮影しようと思ったが、校舎が工事中でプレハブが建っていて撮れなかった……

NU-CLEAR CLEANERS

Q・ティップとファイフの地元のコインランドリー

クイーンズのセント・オールバン地区の真ん中を東西に貫くリンデン・ブールバード。192丁目との角にネオン看板がまさにアメリカなコインランドリー「ニュークリア・クリーナーズ」がある。ア・トライブ・コールド・クエストの「Check The Rhime」のビデオで、屋根の上でライヴをしていた場所だ。ここら辺はまさにQティップとファイフの地元。彼らはいろいろな曲で「リンデン」をレップしている。

ところで、このビデオではQ・ティップがヤンキースのシャツにアトランタ・ブレーブスのキャップを合わせているが、別球団のアイテムをコーディネートするのはオシャレだったのだろうか？

ADDRESS 19210 Linden Blvd.
PHONE (718) 525-9156
HOURS 月-土 7:00-19:00
STATION ロングアイランド鉄道 St. Albans
BUS Ⓔ Ⓙ Ⓩ Jamaica Center-Parsons/Archer駅からバスQ4
MAP P133 ❼

WALK THIS WAY IN QUEENS

アクション・ブロンソンが筋トレする公園

TRIBOROUGH BRIDGE PLAYGROUND B

ゴーストフェイス・キラーとのビーフも記憶に新しいアクション・ブロンソンはクイーンズ出身。地元はフラッシングだが、「Strictly 4 My Jeeps」のビデオで筋トレしている公園はクイーンズの北西、アストリア地区にある「トライボロー・ブリッジ公園」だ。公園上にかかる橋は、その名の通りクイーンズ、マンハッタン、ブロンクスの3つのボロー（行政区）にまたがる。

元料理人で食通としても有名なアクション・ブロンソン。公園から21丁目を数ブロック下ったパキスタン料理店「Roti Boti」(2709 21st St./(718) 278-7888)は、彼のお気に入りのお店のひとつだそう。

RISK 👊👊👊👊👊
ADDRESS Hoyt Ave. bet. 21st St. and 23rd St.
STATION Ⓝ Ⓠ Astoria Blvd
MAP P132 ⑧

クイーンズ・ジャマイカのショッピングモール

THE JAMAICA COLOSSEUM MALL

ここはクイーンズ・ジャマイカの商店街にある「ジャマイカ・コロシアム・モール」。地元の50セントはもちろん、ラン・DMCやジェイ・Z、RZAなどが若いころに買い物に来ていたというモールだ。80年代にはエアブラシでキャラクターを描いたTシャツが人気だった「シャツキング」の店があり、多くのお客さんで賑わっていたらしい。

レイクウォンの「Ice Cream」やLL・クール・Jの「Hush」のビデオは、このモールで撮影されている。

現在1階にはスニーカーショップや洋品店が多く、地下にはジュエリーショップが軒を連ねている。

RISK 🎭🎭🎭🎭🎭
ADDRESS 89-02 165th St.
PHONE (718) 657-4400
HOURS 月-金 11:00-19:00
　　　　 土 10:00-19:00
　　　　 日 12:00-18:00
URL theJamaicacolosseummall.com
STATION E J Z Jamaica Center-Parsons/Archer
MAP P132 ⑨

ゴールドチェーンがすらり。地下のジュエリーショップエリア

QUEENS

FOR MORE DETAIL

QRコードをスマートフォンなどで読み取ると、Google Mapsが表示され、詳細な地図をご覧いただけます。
（インターネット接続が必要です。）

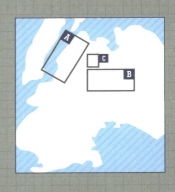

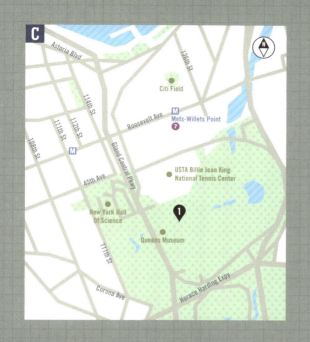

1. FLUSHING MEADOWS-CORONA PARK
2. QUEENSBRIDGE HOUSES
3. QUEENSBRIDGE PARK
4. RUN DMC JMJ WAY
5. HOLLIS STATION
6. ANDREW JACKSON HIGH SCHOOL
7. NU-CLEAR CLEANERS
8. TRIBOROUGH BRIDGE PLAYGROUND B
9. THE JAMAICA COLOSSEUM MALL

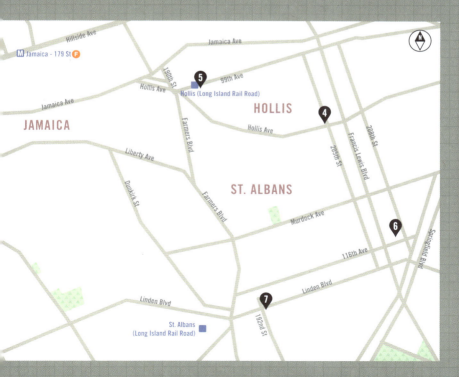

The 36 Chambers of
STATEN ISLAND

マンハッタンの最南端、ホワイトホール・ターミナルから無料のフェリーに乗って25分。自由の女神のヨコを通り到着するのはスタテン・アイランド、またの名を「シャオリン・アイランド」。スタテン・アイランドはしばしば"フォーゴトン・ボロー(忘れられた区)"と呼ばれることがあるが、ヒップホップの世界では偉大なウータン・クランを生んだ場所として忘れることはできない地域である。マンハッタンに進出してくるときのウータンの面々は、どのような気持ちでこのフェリーに乗っていたのだろうか。

THE 36 CHAMBERS OF STATEN ISLAND

ウータンファミリーが経営するバーバーショップ
AGAINST DA GRAIN

　フェリーターミナルから歩いて15分ほど、ヴィクトリー・ブルバードの緩やかな坂を上がっていくと、右手に2軒分の店舗が連なる広い理髪店がある。外観も内装もウータンカラーのブラック＆イエローで統一されたウータンファミリーが経営する理髪店「アゲインスト・ダ・グレイン」だ。
　以前はウータンがプロデュースするアパレルライン「ウー・ウエア」のお店があった場所。隣にはRZAの妹が経営するネイルサロン「ウー・ネイル」もあったとか。メソッドマンやRZAなどウータンのメンバーやレッドマンなどが髪を切りに来る。頭にウータンのロゴのラインを入れてもらおう。

RISK
ADDRESS 61 Victory Blvd.
PHONE (718)448-2151
URL adgsi.wordpress.com
STATION Tompkinsville
MAP P138

136

RZAとゴーストフェイス・キラーが育った公営団地

STAPLETON HOUSES

RISK 👊👊👊👊👊
ADDRESS 210 Broad St.
STATION SIR Stapleton
MAP P138 ❷

　スタテン・アイランドで最も大きな「ステイブルトン団地」。ここがウータンのボスRZAとゴーストフェイス・キラーが生まれ育った団地だ。様々な曲で触れられているように、90年代は公共機関から見捨てられていたらしく、事件があってもパトカーや救急車が来ないほど荒れていたという。

　ウータンのビデオに何度も登場しているが、一番わかりやすいのが「Can It Be All So Simple」のビデオ。団地向かいのブロード通り沿いの商店街でレイクウォンとゴーストフェイス・キラーがラップしている。

　ここから1kmほど南に行くとメソッドマンの住んでいたパークヒル・アパートメントがある。

1. ウータン・クラン「Can It Be All So Simple」(1993)のビデオでレイクウォンとゴーストフェイス・キラーがラップしている商店街
2.「クラックヒル」、「キラーヒル」とも言われていたパークヒル・アパートメントに隣接するディスカウントセンターの壁にはウータンのロゴと共に「シャオリンの全ての戦死者たちへ」と描かれた故人を追悼するグラフィティがあった (535 Targee St.)。多くの名前が並んでおり、いかに治安の悪かったかを思い知らせる

STATEN ISLAND

FOR MORE DETAIL
QRコードをスマートフォンなどで読み取ると、Google Mapsが表示され、詳細な地図をご覧いただけます。（インターネット接続が必要です。）

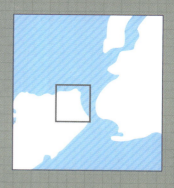

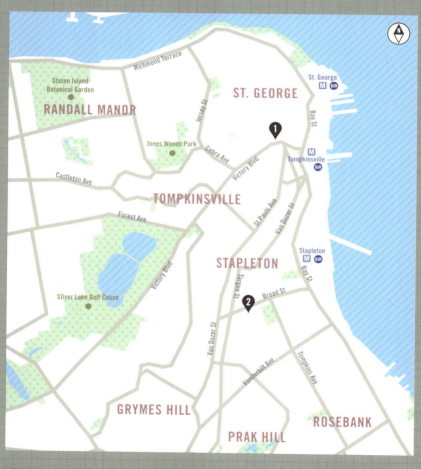

❶ AGAINST DA GRAIN
❷ STAPLETON HOUSES

BUS TOUR
HUSH TOURS

ヒップホップレジェンドがガイドするバスツアー

いままでヒップホップにまつわるいろいろなスポットを紹介してきたが、治安があまりよくない場所が含まれているのも事実。自分たちだけで安全に効率よく巡ることができるか不安な人も多いだろう。そこでおすすめしたいのが「ハッシュ・ツアーズ」だ。

ハッシュ・ツアーズではブロンクス、ハーレム、ブルックリンを回るツアーがいくつか用意されているが、そのなかでぜひ参加してもらいたいのは「バースプレイス・オブ・ヒップホップ・ツアー（Birthplace of Hip Hop Tour）」だ。

このツアーはブロンクスとハーレムの重要スポットをヒップホップ界のレジェンド中のレジェンド、コールドクラッシュ・ブラザーズのグランドマスター・カズがガイド役として案内してくれる。ジョークを交えながら語るガイドは、ヒップホップ創世記からつねに現場にいたカズにしかわからないリアルな情報も盛り沢山で、ひと言たりとも聞き逃すことはできない。シュガーヒル・ギャングとの一件も本人の口から語られる。カズのライブやブレイクダンスのワークショップ、フリースタイル大会など、イベントもたくさん盛り込まれたとても充実したツアーだ。もちろん英語のみだが、英語が苦手な人でも楽しめるだろう。

Birthplace of Hip Hop Tourは水・金・土に開催（$75）予約はHPからwww.hushtours.com

BASIC INFORMATION /ニューヨークの歩き方

TRANSPORTATION

交通機関

METRO CARD

[メトロカードの買い方]

　ニューヨークでのおもな長距離の移動方法は「地下鉄」や「バス」になるはずだ。駅についたら真っ先にメトロカードの自販機に直行しよう。メトロカードは2種類。チャージタイプのカード（ペイパーライド/Pay-Per-Ride）と7日/30日の乗り放題のカード（アンリミテッド/Unlimited）だ。料金は7日用が$31、30日用が$116.5。1週間に13回以上乗る場合は7日用、1カ月に48回以上乗る場合は30日用のアンリミテッドカードがお得だ。通常どこかに行く場合は、行きと帰りに少なくとも2回地下鉄に乗ると思うので、1週間以上滞在して、毎日地下鉄（バス）で利用する場合は、アンリミテッドカードを買おう。

　これらのカードは地下鉄とバスを共通で利用できる。どちらも初回のみカード代として$1かかる。使い捨ての1回乗車券（Single Ride）もあるが、$1のカード代がかかるうえに運賃も割高になるため、おすすめしない。運賃は地下鉄もバスも乗車1回につき$2.75。地下鉄は改札を出なければ乗り換えは自由。バスは1回まで乗り換え無料だ。ペイパーライドカードをチャージする場合、$5.5以上チャージすると11%のボーナスがついてくる。つまり、$27.25チャージするとボーナスが$3つくので、計11回地下鉄やバスに乗れる計算になる。

SUBWAY

[地下鉄に乗ろう]

　基本的に地下鉄は24時間運行しているが、時間通りにくることは少ない。予定がある場合は早めに出たほうがいい。ラインによっては深夜や週末は運休することが多いので、掲示板に貼ってあるお知らせを確認しよう。

　また、地下鉄に表示している行き先が違っていることも多い。待っていた地下鉄と表示が違って不安な場合は、駅員や車掌に聞くのが確実である。

　深夜や治安がよくない場所で地下鉄を利用する場合は、駅員の見える場所（目印に黄色い看板がある）で待っていたほうが安全だ。場所によってアジア人は目立つのだ。派手な行動は控え、ローカルの人間を装う。アンリミテッドカードの場合、1度改札を通ると、18分経過しないと次の利用ができないので気をつけたい。

　基本的に地下では携帯の電波は圏外だと思っておこう。一部の駅ではフリーWi-Fiが利用できるが、まだ数は多くない。地図の確認や調べ物は、なるべく地上にいるときに済ませておいたほうがいい。

　駅では地下鉄の路線マップを配布している。ブースにいる駅員から貰ってみよう。

BUS

[バスに乗ろう]

　初心者にはなかなか乗りこなすのが難しいのがバス。敬遠してしまっている人も多いのではないだろうか。しかし、1回コツを掴めば地下鉄よりも便利な場合が多々ある。バスでの一番の注意点は、次の停留所を知らせるアナウンスがないところだ。特に、初めて行くところだと、気づかずに目的地を通りすぎてしまうこともありえる。いまはスマホという強力な味方がいるので、Google Mapsを確認しながら乗るのがいいだろう。もし乗り越してしまったら、場所にもよるが、だいたい1ブロック〜3ブロックごとに停留所があるので、次の停留所から歩いてすぐ戻れる。

　路線によってはSBS（Selected Bus Service）という、いわゆる快速バスが運行している路線もある。通常はバスの中で精算するが、SBSは乗車前精算。バス停にある精算機で精算し、レシートを持って乗車する。

　夕方ごろにブルックリンやクイーンズなどの住宅街でバスに乗ると、学校帰りの子供たちが続々と乗ってくる。ブロンクスのバスを舞台にした映画『ウィ・アンド・アイ』のような世界を体験できる。

　また、マンハッタンでは地下鉄と違い、車窓から街の移り変わり見て楽しむことができるのでおすすめだ。特にM15（SBS）は南端のフェリー乗り場からハーレムまで行く路線。建物や街を歩く人たちの移り変わりからニューヨークの姿を垣間見ることができる。

TAXI

[タクシーに乗ろう]

　買い物帰りで荷物がいっぱいのときや、クラブ帰りでよくお世話になるのはタクシーだ。ミッドタウンやダウンタウンはおなじみのイエローキャブ。それ以外の地域では薄い緑色のタクシーが走っている。

　タクシーに乗ったら、店名や施設名ではなく、「Broadway and 18th St., please..」といったように、通りの名前で目的地を告げるようにしよう。マンハッタンは

数字で表す通りが多いので問題がないのだが、それ以外の地域でタクシーを使うと、まれに道に詳しくないドライバーがいて、全然違うところに連れて行かれたことがあった。こちらの英語力のなさ(ドライバーは移民が多く、なかなかこちらの発音が伝わらないことも……)が原因のひとつかもしれないので、紙やスマホに行き先を書いて見せた方が確実だろう。

チップは料金の15〜20%。大きな荷物などがあったときは多めに払おう。なにかあったときのためにレシートは確実にもらうように。

UBER/CAR SERVICE
[UBER(ウーバー)を使おう]

タクシーもいいが、個人的におすすめなのは配車サービスUBER(ウーバー)。スマホでハイヤーを呼び、目的地まで連れて行ってもらうサービスだ。アプリは日本語に対応しているうえ、ハイヤー到着前にドライバーの名前や顔、車の車種、ナンバーなどを確認でき、安心して利用できる。値段もタクシーより安いことが多いようだ。UBERを使えばスマホで指定した場所に、表示される地図通りに行ってくれるので、タクシーの項で書いたようなトラブルはなく、いらぬ心配をしなくて済む。さらに、事前に登録したカードで支払えるため、財布を出す必要もない。チップも要らないのでとても便利だ。

まずはスマホでUBERのアプリをダウンロード。クレジットカードの登録や、宿の住所の登録を済ませておこう。車を呼ぶときはアプリの中で来て欲しい場所を地図からタップするだけ。

初めて使う場合は、以下のプロモーションコードを入力すると初回の利用料金から15ドル分割引になる。もしあなたがこのプロモーションコードを使っていただくと、筆者にもクーポンが送られてくる仕組みになっているので、初めて使う人はぜひご利用のほどよろしくお願いします。m(_ _)m

プロモーションコード：**efw1pg8pue**

CITI BIKE
[Citi Bikeに乗ろう]

マンハッタンを歩いているとそこかしこで見かけるバイクシェアリングサービス「シティバイク」の駐輪場。2015年11月現在、マンハッタンとブルックリンに300以上のステーションがあるという。ちょっとした移動が多い場合、かなり使える。料金は24時間パスが$9.95、7日間パスが$25。ステーションの精算機でパスを購入できるが、マスターカード、またはVISAカードが必要だ。

パスを購入しても、自転車をずっと使っていいわけではない。30分以内にどこかのステーションに返却しないと、超過料金が取られてしまうので注意しよう。超過料金は30〜60分が$4、60〜90分が$13、90分以上は$13+30分毎に$12。高めの設定なので、30分以内に返却を心がけよう。続けて使用したい場合は、返却後に再度ピックアップ手続をすればOK。遠出するときは30分以内にステーションを経由していけばいいということだ。あと、前もって自転車の交通ルールを確認しておこう。

FERRY
[フェリーに乗ろう]

マンハッタンからはいくつかの通勤用のフェリーが運行している。船という普段なじみのない乗り物に乗るのは楽しいもの。通勤用のフェリーは無料または安価で乗れるので、機会があればぜひ乗ってほしい。

マンハッタンの最南端、ホワイトホールターミナルから出航している「スタテンアイランド行き」のフェリーは無料。自由の女神の近くを通るので観光客も多い。30分に1本運行している。

ウォールストリートと34丁目を繋ぐイーストリバーフェリーもおすすめ。ダンボ、ウィリアムズバーグ、グリーンポイント、ロングアイランドシティの各ターミナルを経由する。もちろん、そこから乗船することも可能。平日は$4、休日は$6。フェリーから見るマンハッタンの摩天楼、ブルックリン、クイーンズの工場群や倉庫、そしてブルックリン橋、マンハッタン橋、ウィリアムズバーグ橋は圧巻のひと言。それぞれの対岸から眺めるのとはわけが違う。夏は、かつて要塞だった無人島、ガバナーズアイランド行きのフェリーもおすすめだ。

APP おすすめアプリ

Google Maps
説明不要の地図アプリ。最近、マイマップをアプリで表示させることもできるようになったので、事前に行きたい場所をマイマップに登録しておこう。

Citymapper
経路検索アプリ。乗換案内はもちろん、徒歩や自転車でのナビゲーションにも対応。タクシーでの目安時間や料金はもちろん。雨に濡れないルートを提示してくれるなど、気の利いたサービスが便利。

Embark NYC
オフラインでも使える乗換案内アプリ。Wi-Fiのない駅などで便利。地下鉄マップや時刻表(オンタイムで電車がくることは少ないが)を確認できる。

BusBus NYC
バスがいまどこを走っているのかをリアルタイムで確認できるアプリ。

Uber
前述の配車アプリ。

Yelp
簡単に言えばアメリカの食べログ的なアプリ。飲食店だけではなく、いろんなお店やスポットの口コミを検索できる。レストランなどで失敗したくないときに活用しよう。

NYC Wifi + Coffee
フリーWi-Fiを提供しているカフェ検索できるアプリ。休憩場所を見つけよう。

BASIC INFORMATION / ニューヨーク基本情報

From Air Port
[空港からのアクセス]

　日本からニューヨークへ直行便で行く場合、到着する空港はクイーンズにある「ジョン・F・ケネディ国際空港（JFK）」か、ニューヨークの隣のニュージャージー州にある「ニューアーク・リバティ国際空港（EWR）」のどちらか。それぞれマンハッタンから25kmほど離れているので、電車、バス、タクシーなどでアクセスすることになる。荷物の多さや宿の場所に応じて選択しよう。到着した空港で「Free shuttle bus!」と声をかけてくる人がいるが、黒タクの可能性が高いので無視するように。以前筆者はまんまとひっかかり、$240も取られてしまった……。初日からこういう目に合うとかなり落ち込むので、本当に気をつけよう。

TIME DIFFERENCE
[時差]

　日本とニューヨークの時差は14時間。3月の第2日曜の午前2時から11月の第1日曜日の午前2時までのサマータイム時は13時間。日本とはほぼ半日違うことになる。どうしても悩まされるのが時差ボケ。時差ボケのせいでせっかくの旅が楽しめなくなるのは避けたいので、あらかじめ自分に合った対策をしておこう。

BOOZE & SMOKE
[お酒とタバコ]

　ニューヨークでは飲酒・喫煙は21歳から。バーやレストランでの注文時、クラブ入店時、デリでお酒やタバコを買う時などにID（パスポートなど）の提示を求められる。日本人は若く見られるので、そういう場に行くときは忘れないように。また、屋外での飲酒は法律違反。紙袋に入れて飲んでいても警察に見つかったらアウトになることがある。野外イベントでも飲酒は許されないので注意しよう。
　逆に喫煙は公共の場の室内は、ほぼすべて禁煙。レストランやクラブで吸いたくなったら、喫煙所（入口付近の事が多い）や外で一服しよう。ニューヨークはタバコが高いので、愛煙家は空港の免税店で調達しておいたほうがいい。

TIP & TAX
[チップと税金]

　ニューヨーク州の税金は8.875％。ただし、衣類や靴は一品$110以下のものはいくつ買っても消費税が免除される。服屋やスニーカーショップで買い物する際に頭の片隅に置いておこう。
　そして、いつも戸惑ってしまうのがチップ。日本人はチップ文化になじみがないのでしょうがないのだが、できればスマートにふるまいたいもの。最もチップを払う機会が多いのがレストラン。合計金額の15%〜20%、レシートのTax欄の金額の2倍を目安に払っている人が多いようだ。チップ計算アプリを入れておくと便利。レシートに"Gratuity"または"Service Charge"が含まれている場合、チップは不要。クラブやバーなどキャッシュオンでお酒を頼んだときは、お酒を貰ったら$1カウンターに置いて行くようにしよう。

CREDIT CARD
[クレジットカード]

　アメリカはクレジットカード社会。カードを持っていないとサービスを受けられないこともあるので、必ず持って行きたい。VISAかマスターカードがあれば安心。ご利用は計画的に。取材時、突然カードが使えなくなってしまった。急に海外で利用したので、不正防止でブロックされてしまった。渡航前にカード会社に海外で使う旨を連絡しておくと、こういう事態を避けられる。

緊急連絡先一覧

緊急時
日本国総領事館
代表／（212）371-8222
（月-金 9:00-16:00/緊急時は24時間対応）
領事館／（212）888-0899（月-金 9:00-16:00）
警察・消防車・救急車／911（緊急時以外は311へ）

航空会社
日本航空／（800）525-3663
全日空／（800）235-9292
ユナイテット航空／（800）537-3366
アメリカン航空／（800）237-0027
デルタ航空／（800）-2850

カード会社
アメリカン・エキスプレス／（800）766-0106
ダイナースクラブ／011-81-45-523-1196（コレクトコール）
VISA／（866）670-0955（コレクトコール）
マスターカード／（800）627-8372
JCB／（800）606-8871

INDEX

好きなアーティスト、映画、カテゴリーから行く場所を決めよう！

ARTISTS	Page
112	67
2 Pac	37,67,71
3rd Bass	100,104
50 Cent	11,128,131
A-Trak	72,113
A$AP Mob	33
A$AP Rocky	18,36,40
Action Bronson	122,130
Adam Yauch	57,108
Afrika Bambaataa	10,23,40,63
AG	20
Alicia Keys	45
Audio Two	91
Barry McGee	101
Beastie Boys	15,28,53,54,55,56,57,71,98,109,122
Beatnuts, The	64
Beyonce	97
Big Daddy Kane	71,93,95
Big L	34
Big Pun (Big Punisher)	20,64
Biz Markie	93,98
Black Moon	95
Black Star	104,110
Bono	75
Boogie Down Productions	9,16,71
Boot Camp Clik	94
Bun B	77
Busta Rhymes	65,96
Cam'ron	34
Capone	124
Capone-N-Noreaga	98
Chance The Rapper	53
Chuck D	124
CJ Fry	87
Cocoa Brovaz	95
Cold Crush Brothers, The	14,49
Common	68,90
Craig G	124
Craig Mack	122
Cuban Link	64
Cypress Hill	53
D'Angelo	68
Da Band	99
Danny Brown	77
Dave Chappelle	90
David Byrne	101
De La Soul	38,59,95
Diggin' In The Crates (D.I.T.C.)	20,34
Diplo	72
Diplomats, The	33
DJ Hurricane	127
DJ Jazzy Jay	22
DJ Spinna	85
Dogg Pound, Tha	53
Double Trouble	15
Doug E. Fresh	35,63
Drake	66,77
Dynamic Rockers	47
Ed Lover	127
Eminem	71
EPMD	93
Eric B. & Rakim	33
Erykah Badu	68,90
Fab Five Freddy	16
Faith Evans	67
Fantastic Freaks, The	14
Fantastic Romantic 5, The	49
Fat Boys	11,29,109
Fat Joe	17,23
Fearless Four	63
Flatbush ZOMBiES	111
Fugees, The	90
Funky 4 +1	15
Gang Starr	92,98
Ghostface Killah	77
Glen E. Friedman	123
Grand Puba	77
Grand Wizard Theodore	23
Grandmaster Caz	22,23,139
Grandmaster Flash	63
Grandmaster Flash & The Furious Five	23
GZA	77
Heltah Skeltah	94
House Of Pain	61
Ill Al Skratch	99
J Dilla	68
Ja Rule	38,127
Jam Master Jay	126
Jay Z	29,53,71,74,75,88,89,102,103,131
Jermaine Dupri	71
Jim Jones	38
Joey Bada$$	111,119
Jungle Brothers	46,97
Justin Timberlake	76
Kanye West	64,90,102,113
Kaws	101
Keith Haring	42,70
Kid Capri	33,40
Kool DJ Red Alert	22,23,24
Kool Herc	8,21
KRS-One	9,16,23,95
Kurtis Blow	23
Lauryn Hill	45
LeShaun	99
Little Shawn	67
LL Cool J	54,109,127,128,131
Lord Finesse	34
LOX, The	25
Ludacris	40
M.O.P.	93,123
Malcolm McLaren	47,69
Malcolm X	48
Marley Marl	124
Mase	12,34,67
MC Shan	124
MCA	57,108
Memphis Bleek	88,94
Method Man	45,136,137
Michael Jackson	105
Michael Stipe	75
Michel Gondry	64,90
Mix Master Mike	57
Mobb Deep	124,125
Moby	57
Mos Def	45,90,91,104
Nas	119,124
New York City Breakers	63
Nice & Smooth	93
Norman Cook	75
Notorious B.I.G., The	67,71,86,87,99
Ol' Dirty Bastard	94
Onyx	52
Organized Konfusion	123
Pharoahe Monch	95
Phony Ppl	112
Public Enemy	48,85
Puff Daddy	12,67
Questlove	68
Raekwon	98,119,131,137
Rakim	28
Redman	124,136
Remy Ma	123
Rick Ross	77
Rick Rubin	54
Rihanna	66
Rob Base and DJ E-Z Rock	33
Rock Steady Crew	23,47,63
Roots, The	68,90
Roxanne Shanté	124
Run-DMC	11,33,49,54,55,69,71,109,126,127,131
Russell Simmons	54,109
RZA	131,136,137
Scott La Rock	9,16,71
Sean Price	94
Showbiz and A.G.	34
Slick Rick	46
Smif-n-Wessun	95
Soulquarians	68
Spank Rock	72
Special Ed	104
Spike Lee	41,85,106,107
Statik Selektah	69
Stetsasonic	38
Styles P	25
Swizz Beatz	23,65
Talib Kweli	104
Ten Thieves	97
Tevin Campbell	46
Total	67
Tragedy Khadafi	124,125
Treacherous Three	63
Tribe Called Quest, A	58,59,92,96,102,122,129
Tyler, the Creator	119
Underachievers, The	69
Uptown	65
Vicious	97
Wu-Tang Clan	28,29,60,136,137
Young MC	127
Zhigge	44

MOVIE	Page
KIDS／キッズ	69,70
ウィズ	105
ウォリアーズ	39,97,105
クラッシュ・グループ	11,109
クロッカーズ	107
ゲット・リッチ・オア・ダイ・トライン	11
ジャングル・フィーバー	41
ジュース	37
スタイル・ウォーズ	13
タファー・ザン・レザー	55
ドゥ・ザ・ライト・シング	84
ニュー・ジャック・シティ	41
ノトーリアス・B.I.G.	86
ビート・ストリート	63
ブロック・パーティー	90
星の王子ニューヨークへ行く	105
ミュータント・タートルズ	105
ラスト・ゲーム	97
ワイルド・スタイル	14,15,39,62

CATEGORY	Page
Graffiti Art	12,13,15,19,20,21,34,42,43,57,70 73,87,94,95,101,126,137
Break Dance	47,63
BAR & FOOD	24,25,35,36,40,55,58,74,75,76,87 92,93,99,103,111,123

参考文献

ジェフ・チャン(2007)『ヒップホップ・ジェネレーション「スタイル」で世界を変えた若者たちの物語』押野素子訳 リットーミュージック.
ステイシー・ゲラセヴァ著(2010)『デフ・ジャム物語 ヒップホップ黄金時代』渡辺深雪訳 シンコーミュージック・エンタテイメント.
エド・ピスコー(2014)『ヒップホップ家系図 vol.1 (1970s-1981)』(2014)『ヒップホップ家系図 vol.2 (1981-1983)』綾井亜希子訳 Presspop inc.
チャーリー・エーハン(2008)『チャーリー・エーハンのワイルドスタイル外伝』伯井真紀訳 Presspop inc.
Jim Fricke/Charlie Ahearn『Yes Yes Y'all: The Experience Music Project Oral History Of Hip-hop's First Decade』Da Capo Press.
ブライアン・コールマン(2009)『チェック・ザ・テクニーク ヒップホップ名盤ライナーノーツ集』小林雅明監訳 シンコーミュージック・エンタテイメント.
中尊寺ゆつこ(1995)『ニューヨークネイバーズ』アスペクト.
中尊寺ゆつこ(2005)『新ニューヨークネイバーズ セレブに会えるアメリカ・ガイド』講談社.
猿谷要(1999)『世界の都市の物語2 ニューヨーク』文藝春秋.
亀井俊介(2002)『ニューヨーク』岩波新書.
高祖岩三郎(2006)『ニューヨーク烈伝 闘う世界民衆の都市空間』青土社.

Wassup! NYC
ニューヨークヒップホップガイド

2015年12月29日　初版第1刷発行
2016年 4月21日　初版第2刷発行

水谷光孝(みずたに・みつたか)aka MIZ TARNIE
1981年生まれ。静岡県浜松市出身。独自の視点でヒップホップをはじめとする様々なカルチャーを研究中。
Twitter @miztarnie

Staff

Text & Photo : Mitsutaka Mizutani
Design : Mitsuru "MAZDAMAN" Matsuda (RAWSUPPLY)
Logo Design : Daisuke "KCD" Kishi
Illustration : $HOW5 (#テガキ)
Coordination : Daisuke Shiromoto
Adviser : MC BOO!!! & Jun "Zunbug" Ohki aka Kato Browne
Edit : Kitafuyu

Special Thanx to

K-Prince, GGK, MML, BEN THE ACE, YOU THE ROCK★, DONSTA, ZEN-LA-ROCK, CEEMO, CLV, KNO, agame, MATT TAKEI, Mayuko Asano, Daisuke Yamaji, DJ Mihoko, Hiromi Kiba, Ryosuke Tanzawa, Yuki Nojima, Miyuki Watanabe, Sushi Matsuda, Akko Matsuda, TPfX, MC JOE, Lady-K, Lark Chillout, Sir Y.O.K.O., YO!HEY!!, UJT, TAKEI GOODMAN, Yoshihito Numata, TR-708, AI, Naomasa, All Friends, Hitomi, My Family

発行人　佐野 裕
発　行　トランスワールドジャパン株式会社
〒150-0001 東京都渋谷区神宮前6-34-15 モンターナビル
Tel : 03-5778-8599　Fax : 03-5778-8743

印刷・製本　三松堂印刷株式会社

Printed in Japan
©Mitsutaka Mizutani, $HOW5, Jun Ohki, M.C. BOO Transworld Japan Inc. 2015

定価はカバーに表示されています。
本書の全部または一部を、著作権法で認められた範囲を超えて無断で複写、複製、転載、あるいはデジタル化を禁じます。
乱丁・落丁本は小社送料負担にてお取り替え致します。
ISBN 978-4-86256-167-1